人間伊甸園
32個一生不可錯過的美景
關越 主編
32 View Must Go

32 View Must Go

Contents

目錄

分卷3

聆聽天堂的私語 If Paradise Could Whisper

前言

有一種感覺，叫做幸福。當愛在心中無限膨脹，幸福的感覺，就會溢滿心房。爲了尋求幸福，人們憧憬「天堂」，存在於人間的天堂。之所以只是憧憬，大概是以爲被稱作天堂的地方人世間是沒有的吧！事實上，這樣的地方並不是些虛無的夢幻，而是眞切地在這個地球的什麼地方，與我們同處一片天空。於是，我們有了寧願窮極一生也要去追尋的夢想。

那古老的巴比倫在向人們召喚，遠方的瑪雅，留著古人對世人的期待與冀望……人類在時間長河中是何等的渺小！歷史在這裡沉澱，我們能聽見風吹過的悲歌。耳邊響起的是神秘花園的曲子，憂傷，淡然，像漂泊的回憶……

人們追逐著夢想，在流年似水一樣的青春裡。它們曾像聖潔的理想那樣佔據人的身體與靈魂，流淌在血脈之中，張揚，肆無忌憚；它們又若清澈明亮的小溪，在嬉戲的時候無聲地從青澀張揚的腳下流過……單薄的青春，手心的空洞，深邃的瞳仁，孤立時淡然的表情。

屋頂是天空中最典型的美麗大使。雕塑是落入凡間的天使羽翼。眞正的天堂就是人人生活在享受的美之中。於是我們去歐洲，感受屋頂和雕塑背後的歷史與文明；於是我們去非洲，讓那種原始的、未被任何人類行爲干涉過的粗獷打動我們的心靈；於是我們去大洋洲，讓我們的心靈因與世無爭的美麗而氾濫……讓夢和夢的憂傷、愛和愛的迷惘、海和海的徜徉、情和情的彷徨在天堂的平和中自由地飛翔、消散。

夢想是一種纏綿浪漫的追逐。一杯紅酒、一朵玫瑰、一首樂曲，無不讓人產生纏綿浪漫之感，然而在這種感覺中又總是隱隱地感到憂傷。所以，在尋找天堂的同時，我們也需要一些疼痛讓自己覺得幸福，然後成長。當我們看到動物的遷徙，看到地球的傷痕，看到伊甸園的沉落，看到流浪的靈魂，我們終是觸摸到了那種眞實。無論眞切與虛幻，寬容與殘酷，透過渴望美好的光圈，都化作了那種濃濃淡淡的幸福。

在本書裡我們用一個個文字，構築我們嚮往的生活；我們用眞實的鏡頭，描繪我們中意的色彩，記錄天堂裡眞實的顏色。希望能爲所有憧憬幸福和夢想的人們，帶來些許心靈的慰藉。

人間伊甸園

1 大自然和諧的聲音

Songs of the Innocence

田園畫卷 *Danube*

多瑙河

● 所在位置：

源自德國南部山區，而後流經東歐各國：德國、奧地利、斯洛伐克、匈牙利、克羅地亞、南斯拉夫、羅馬尼亞、保加利亞、摩爾多瓦、烏克蘭、羅馬尼亞，最後注入黑海。

● 地理特色：

多瑙河支流多達三百多條，上游坡度大，中下游形成廣大平原。

● 觀光景點：

沿岸附近有許多的觀光城市，通常配合搭成遊艇觀光多瑙河灣的美景，像是匈牙利的布達佩斯。每年4月到12月底，都有河岸觀光行程，當然還有附近的小鎮可玩賞。

● 獨特風采：

多瑙河的知名可以從世界名曲「藍色多瑙河」得知。

● 網站：

http://user.intop.net/~jhollis/danube2.htm
關於多瑙河的深入資訊。

多瑙河流經布達佩斯，這裡環境優美，景色誘人，涓涓的水聲就像那首《藍色多瑙河》一樣令人百聽不厭。
Luis Castaneda Inc／攝影

多年以前不知道從哪裡看了篇文章說，維也納綠樹成蔭，多瑙河上每日必演奏《藍色多瑙河》，讓人以為多瑙河的每一滴水裡都流淌著音符和浪漫。多瑙河，還總讓人想到旖旎的華爾滋的衣香鬢影、維也納、哈布斯堡的貴族餘暉。

聽著約翰．史特勞斯的名曲《藍色多瑙河》，悠揚高雅的曲調會把人帶入如詩如夢的境地。那湛藍的河水，如畫的風光，村民樸實的舞蹈，美麗動人的傳說，使人猶如投身在母親溫暖的懷抱中，流連忘返，久久不願離去。

多瑙河像一條藍色的飄帶蜿蜒在歐洲的大地上。這裡山青水秀，一派田園風光。晨曦中的多瑙河帶著阿爾卑斯山的輕霧從夢幻中走來，如同披著青紗的少女。它激情的河面，藍色的波濤，翻飛的鷗鳥，令人激動不已。它銜來了花草的清香，蕩漾著魚兒的歡笑，在各式各樣房屋和花園的簇擁下汩汩前行。天亮了，彷彿擦亮了眼睛一般，霎那間層巒疊嶂、重樓連宇都清晰了起來。天是湛藍湛藍的，山是碧綠碧綠的，而多瑙河比天還要藍，比山還要綠，更讓人折服的是透明清新勝過空氣的水。皚皚的白雲在無際的藍天裡飛來飛去，既安閒又自在，逍遙無比。橫臥的雪山曲折連綿，山下聚集了幾間小屋，屋前是一大片綠油油的大地，這樣的景色就像是大師莫內的油畫作品。在這樣絢爛的景色中，可以聞到綠野的芳香和空氣的清香。沒到過這裡的人很難想像，抬起頭，是白雪皚皚的大山，低下頭，腳下踩的卻是綠草紅花，而這一切卻顯得那麼自然平和，沒有一丁點突兀感。

多瑙河流經九個國家，兩岸有許多美麗的城市，它們像一顆顆璀璨的明珠，鑲嵌在這條藍色的飄帶上。在河畔隨便找一家露天咖啡廳，挑個視野佳的座位，

多瑙河靜靜的流著，時間不會為誰而停留。

一邊啜飲咖啡，一邊欣賞夕陽下的多瑙河。那河水眞是藍極了，特別是在陽光燦爛的日子裡，可以看到天鵝懶洋洋地在游泳者旁徜徉，這是人和大自然和諧共處的絕妙景象。

暮色下的多瑙河如同一幅水墨畫，白天飛馳水面的小漁船沉寂下來，青黛色的遠山映在清涼的水中，夢幻一般。孤獨的小舟水邊閒蕩著，配上岸邊的樹葉，令人如同走入畫中，輕輕地，輕輕地，不敢擾了這美麗河流的清夢。

人們親切地把多瑙河稱作「母親」，從不同的河段親近多瑙河、擁抱多瑙河，縱使風景各異，也總能一眼認出它——那令人熟悉的多瑙河母親。在這裡，你可以與它對語，聆聽河流淙淙汨汨的清響。清澈見底的河水會告訴人們，人生之路彎彎曲曲，就如多瑙河的水一樣有時平靜，有時湍急。那一刻，你會想在這青山綠樹碧水藍天中融化，會恨自己是個塵世俗物，不能與它相守一生。大徹大悟的感覺那樣的刻骨銘心，塵世中的種種不如意，種種不快，淡的像風，輕的像雲，而宇宙間的大智慧卻越發清晰，越發奇美。

在這裡，自然與音符融而爲一，造就了極美的旋律；春夏秋冬合爲一體，組成了絢爛的四季。讓大自然奏響絢爛的四季交響曲，讓心與美麗的多瑙河更親密地結合。而我們，就醉在這裡吧。

多瑙河是布達佩斯的靈魂，而布達佩斯是匈牙利的驕傲。Gavin Hellier／攝影

上帝賜予的禮物

尼羅河 Nile

● 所在位置：

流經非洲的蘇丹和埃及，最後注入紅海。

● 地理特色：

尼羅河長6648公里，源頭白尼羅河來自維多利亞瀑布，行經蘇丹又收納其他支流：青尼羅河和阿特巴拉河，流量甚大。

● 觀光景點：

尼羅河所經區域自古以來便是埃及富庶地區以及文化所在，周鄰景色有海港都市亞歷山大，內有古遺蹟和建築可見；另外，開羅附近的埃及博物館和金字塔以及路克索神廟都是鄰近的觀光點。

● 獨特風采：

埃及人的生死觀和尼羅河有密切的關係。河岸以西是死亡之地，所以墳墓和金字塔皆建於西岸，而東岸是光明之地，神廟和宮殿建於東岸。

● 網站：

http://student.wtuc.edu.tw/88/s8812020/new_page_7.htm

尼羅河對於文化歷史和觀光有多重要，想要了解事實的你不可錯過這個網站。

夕陽照射下的尼羅河熠熠生輝，湖心幾隻具有古埃及特色的帆船，更增添了尼羅河的神秘與優雅。

埃及，一片富於神性的國土；蘇丹，一片歷史上動盪不安的土地……，而尼羅河——世界上最長的大河是流經這兩個非洲國家的重要動脈，穿越了富足和貧窮，寸草不生的荒漠和肥沃豐產的良田。沿著這條非洲第一大河前行，將是一次拜謁文明發源地的光輝朝聖，一次深入充滿魔力之地的探險。

「尼羅河長流，迤邐千萬里，帶給埃及永恆的生命……。」蜿蜒的尼羅河是埃及的靈魂，在蒼涼荒蕪的景象之外，成就了一片優美溫潤的土地，也成就了埃及的另類格調——沉重之外的舒淡，滄桑之外的閒適。沿著芊草綿長、椰風清影的尼羅河，走過一村又一村，那些藏在金字塔下的小村莊，像一幅色彩斑斕的印象畫，靜靜地蕩漾在人們的腦海。

古老的尼羅河文明和圍著頭巾的阿拉伯人一樣吸引人。尼羅河是上帝賜給埃及的禮物，沒有尼羅河，埃及就只是一大片的沙漠，也不會發展出這樣高度的法老文明。尼羅河除了提供埃及糧食、飲水與交通外，更是古埃及人劃分生死的象徵。很難說是因爲尼羅河而孕育了埃及，還是金字塔成就了尼羅河在世界的知名度。顯然，尼羅河並不在意這些，清澈的尼羅河水就在船底下緩緩流過，水流並不急，就像埃及人一樣，烈日底下一襲長袍，既把酷暑擋了，也把一種浪漫飄了逸出來，樹下喝杯甜甜的紅茶，生活就該如此的愜意舒心。

如果說黃河是一個粗獷不羈的硬漢，尼羅河則是一個溫柔善良的少女。一條穿越了千里沙漠的大河，竟能保持那樣的清澈。放眼望去，青藍色的平靜河水，兩岸是綠洲地帶，遠處則是金黃的沙漠。沙漠的狂躁似乎被河水馴

尼羅河上微風輕吹、水波蕩漾，落日中，景色是那麼地令人沉醉。

服了，或許正因爲如此，才使得埃及人敬她如神明。站在船首甲板層，欣賞陽光照耀下的尼羅河是一件賞心悅事。河面像微微拂動的絲綢，平緩舒徐的河水彷彿在低聲吟唱。遠處河面閃動著粼粼的水光，猶如閃動著千萬隻凝視著兩岸殘冬山野秀色的眼波。一切的塵障心魔，也豁然消除。黃昏的尼羅河在夕陽的照射下奕奕生輝，與沙漠渾然一體。夜色來臨前的片刻，尼羅河顯得格外神秘而優雅。

尼羅河畔的夕陽依舊如黃金般閃閃發亮，就如閃爍著古埃及工匠們智慧的光輝，顯示著設計師對埃及傳統文化內涵所獨具的慧眼、標榜著建築師對建築藝術心領神會的妙諦。然而藝術的沉澱並不能改變生活的貧困，當傳統與現代在這裡相互對峙時，你會發現在荒漠中高高矗立的百事可樂、可口可樂看板是那樣的空洞乏味，那些頭頂水桶、身穿努比亞長袍的婦女緩步走過這些現代的印記，留下的背影有著如詩的意境。貧窮，任誰都會感到它帶來的沉重。生活在陽光跳蕩的尼羅河兩岸上的埃及村莊，直到親自看過後，才算眞正瞭解了埃及、瞭解了尼羅河。

白鷗在夕暉裡穿梭翻飛，時上時下，交織成一片喧鬧不息的旋律。每一隻白鷗的翅膀都拖帶著夕陽的橙紅色火焰，令人目眩神迷。徐徐的清風隨著江水吹拂著臉面，突然的，心會一下子安靜下來，眼睛只是呆呆的看著岸邊某一個地方，既沒目的，也沒方向。

尼羅河的美，源於其優美奇特的自然風光，更源於其源遠流長的歷史文化。
Sylvain Grandadam／攝影

雷鳴之煙 *Victoria Fall*

維多利亞瀑布

● 所在位置：

位於非洲辛巴威和尚比亞的交界處。

● 地理特色：

非洲第四大河贊比西河流進一個寬約25至75公尺的峽谷，形成寬約1700公尺，高達108公尺的瀑布以至於瀑布的寬度和高度比尼加拉瓜瀑布來得盛大。

● 觀光景點：

瀑布大部分位於辛巴威境內，為此兩國興建觀瀑步道或行人陸橋。大致來說行走尚比亞觀瀑步道花約一小時，而辛巴威的步道較長。

● 獨特風采：

被喻為世界七大奇跡之一的維多利亞瀑布因流聲似雷鳴，被當地人稱為「莫西奧圖尼亞」。

● 網站：

http://www.zambezi.com/vicfall.html

關於維多利亞瀑布以及兩國旅遊的豐富資訊。

維多利亞瀑布橫臥在贊比西河中游，氣勢磅礴、聲若雷鳴、水霧雲煙。它是世界上最寬大、最壯觀的瀑布。
Frans Lemmens／攝影

維多利亞瀑布！雷霆之霧！

城市的遠方，依稀可以看到贊比西河，那寬大的河床在藍天白雲下顯得如此的靜謐，淡淡的映照著綠色的原野，一點也沒有驚濤駭浪的跡象，它是那樣緩緩的流淌。河流在這片大平原上，向遠處延伸，直到我們極目的盡處。河床到了維多利亞瀑布旁邊，突然消失的無影無蹤，遠遠看到的只是一小片的霧氣，飄忽在公路的遠端城市的盡頭，難怪當地人又稱這瀑布的名字爲莫西奧圖尼亞瀑布，它的意思是：雷霆之霧。

關於這個大自然的傑作，還有一個美麗的傳說：在瀑布的深潭下，每天都有一群如花般美麗的姑娘日夜不停地敲著非洲的金鼓，金鼓發出的咚咚聲，變成了瀑布震天的轟鳴；姑娘們身上穿的五彩衣裳的光芒被瀑布反射到了天上，被太陽變成了美麗的七色彩虹；姑娘們舞蹈濺起的千姿百態的水花變成了漫天的雲霧。

一百八十年前，一個頭戴圓邊紳士帽，身穿長風衣的中年男子深情地注視著他眼前的這片瀑布群，他就是發現維多利亞瀑布的第一個歐洲人——英國傳教士利文斯敦，也正是他將這個瀑布介紹給了世界。利文斯敦在描寫瀑布壯觀景象時寫道：「英格蘭人無法從他們見過的東西中，想像這景象的壯美。歐洲人的眼中從未出現過這美麗的景象，即使天使從天上飛過，也會對這兒的景色流連忘返。這是我在非洲所見到的最奇妙的景色。」爲了表達他對當時的英國女王維多利亞的崇敬，利文斯敦將他新發現的這個瀑布命名爲維多利亞瀑布。如今，這位男子的銅像就站在入口處，依舊留戀地注視著這個因他而成名、同樣也成就了他的瀑布。

沒有鋼筋和水泥，總會讓人覺得跟大自然親近了很多。瀑布是由數個大小不一的瀑布群組成的，一字排開，像展開了一個寬大的舞台。對面峽谷的邊緣是一條半環形的幽徑，管理部門又在這條小路的側面設置了十幾個觀景台，讓遊客能最大限度地靠近瀑布，欣賞美景。每個觀景台都用石塊疊成，上面搭些樹枝，顯得與大自然極爲協調。每個遊客都是環形看台上的觀眾，而瀑布則是個永遠不知疲倦的天才演員。

那讓人眩目的弧線，勝過了體操運動員優美的騰空飛躍，勝過了野生大羚羊躍過路障的那一剎。沒有哪條弧線如此壯美！湍急的河水變得上下翻滾、起伏迭宕，陣陣急浪形成的漩流奔騰洶湧，在跌落到大峽谷之前向前猛然一躍，爾後以千軍萬馬之勢呼嘯著、咆哮著從百公尺之巔向下撲去，縱然下面是千溝萬壑、礪石崢嶸都義無反顧；縱然粉身碎骨、萬劫不復也在所不惜。咆哮的江水奔騰而下，在一百公尺長的下落過程中形成一波又一波的浪環，它們濺落在懸崖峭壁上，衝擊在犬齒交錯的礪石叢中，化成雷鳴般的吼聲，化成了由無數的水滴組成的水汽氣浪。氣浪在谷底向四面八方衝擊，繼而從峽谷之底順著懸崖峭壁直沖雲霄，遮天避日。一陣狂風把這雨霧一掃，陽光斜向照耀著這些無畏的精靈，化做了一道亮麗的彩虹，從峽谷的一半橫跨而來，直上半空。在彩虹的外側，還可看到另一道色彩稍淡的彩虹，好似它們相依相伴，夫唱婦隨。

坐在峽谷邊緣的石頭上，瞭望著那數公里長、滾滾而下的大瀑布，看著眼下這令人眩暈的大峽谷，不禁讓人感慨萬千。這大自然的鬼斧神工，不得不讓人覺得人類的渺小和大自然的深奧，上帝之手就這麼不經意的一折，地球的板塊就斷裂出這讓多少人嘆爲觀止的峽谷和瀑布……。

維多利亞瀑布的寬度超過兩公里，瀑布奔入玄武岩海峽，水霧形成的彩虹遠隔20公里以外就能看到。Marcus Wilson-Smith／攝影

大自然的傑作 *Niagara Fall*

尼加拉瓜瀑布

● 所在位置：

位於加拿大安略省與美國紐約州交界。

● 地理特色：

源自伊利湖的尼加拉瓜河流入安大略湖，兩湖之間落差99公尺。充沛的河水分別在兩地形成差距甚大的斷層，流量急速於是造成大瀑布。

● 觀光景點：

尼加拉瓜瀑布分別在美國和加拿大形成兩座代表性的瀑布：位於美國境內的「美國瀑布」長約1060英尺，高176英尺，右側則是「婚紗瀑布」；屬於加拿大的「加拿大瀑布」長約2600英尺，高為167英尺，形狀似馬蹄，又名為「馬蹄瀑布」。附近另有維多利亞國家公園可以遊賞。

● 獨特風采：

有多種方法可以欣賞瀑布之美，像是從高塔俯瞰、乘船觀瀑或搭乘空中纜車，當然近身接觸體會震撼的水柱更是深刻的記憶。

● 網站：

http://www.chinesetraveler.com/Newyork/niagara.php

關於尼加拉瓜瀑布的旅遊路線圖。

大瀑布因其外表形成一個馬蹄狀而又稱馬蹄瀑布。Denis Waugh／攝影

舉世聞名的尼加拉瓜瀑布位於加拿大和美國交界的尼加拉瓜河上。它號稱世界七大奇景之一，以其宏偉的氣勢、豐沛而浩瀚的水汽，震撼了所有前來觀賞的人。這水是雷神之水，印第安人認為瀑布的轟鳴就是雷神說話的聲音。

每當深秋季節，在水牛城一側飽覽尼加拉瓜秋色，也是一個非常不錯的選擇。茂密的樹叢已是紅、黃、綠色相間，湍急的河水在樹叢中穿梭奔流，激起團團白色的浪花，非常迷人。要知道，尼加拉瓜瀑布若論寬度、落差、流量和變化，都不如巴西、阿根廷交界的伊瓜蘇瀑布，以及橫跨辛巴威與尚比亞的維多利亞（莫西奧圖尼亞）瀑布，它之所以能與前兩者並稱爲「世界三大瀑布」，除了它的主瀑布「馬蹄」造型比較獨特外，最重要的還是它的水質儘管飛流直下、飽經「摔打」，卻能依然保持清澈透明，而伊瓜蘇瀑布和維多利亞瀑布由於地質構造和上游環境保護方面等原因，水都是混黃色的。因此，在尼加拉瓜看瀑布，光看「馬蹄形」是不夠的，一定要將其「清晰度」與「透明度」攝入眼底。更何況，它美麗的秋色也是世界三大瀑布中獨一無二的！

從看到煙霧，到聽到水聲，看到幾支河流都往一個地方跑去，突然，眼前一亮，一個巨大的峽谷出現在眼前，而瀑布正咆哮著奮力沖下去，白茫茫的一片，卻給人一種力量。可以看到一共有三個瀑布，那就應該分別是美國尼加拉瓜瀑布、新娘的面紗瀑布以及加拿大馬蹄形瀑布了。

當陽光燦爛時，大瀑布的水花便會升起一座七色彩虹。Cosmo Condina／攝影

尼加拉瓜瀑布的對岸就是加拿大，可以看到車來車往以及傳來的酒吧音樂。由於瀑布是面對加拿大的，所以站在美國國土上就沒有辦法一覽全貌，尤其以加拿大馬蹄形瀑布爲甚，只能看到三分之一，難怪以加拿大冠名了，這可是三個瀑布中最大的一個了，如何是好呢？

雄偉壯麗的尼加拉瓜瀑布每年都吸引了眾多世人前來揭開它的面紗，一睹尼加拉瓜瀑布的風姿。要看大瀑布正面全景，最理想的地方還是站在彩虹橋上。拿破崙的弟弟偕同新娘在此度過蜜月，從而成就了彩虹橋「蜜月小徑」這一動聽的美稱，也因此而成爲加拿大極具盛名的蜜月勝地。

晚上，燈光大作，從對岸加拿大有四、五處地方對著瀑布打出燈光，不斷變化顏色，一時間倒成了人間仙境。但還是白色的燈光，沒有什麼修飾，白色光與那冉冉升起的水汽融合，便再也沒有什麼比這純潔的了。

人類執著的追求著，未知的熱情驅使我們奔向星空，然而地球的奧秘已經使我們自慚無知了。這些大瀑布是上帝的傑作還是大自然的交響曲？它是一切壯麗的總和還是世界的聖壇？尼加拉瓜大瀑布以萬馬奔騰之勢直沖而下，聲震數里，濺起的水珠形成一團團白霧，色彩斑斕，蔚爲壯觀。讓世人再一次在大自然的面前慨嘆吧！

尼加拉瓜瀑布水汽豐沛而浩瀚，水聲震耳欲聾，震撼了所有前來觀賞的人們。Doug Armand／攝影

攀起生命之巔 *The Everest*

珠穆朗瑪峰

● 地理位置：

聖母峰位於中國和尼泊爾交界的喜馬拉雅山。

● 地理特色：

高度8848公尺是世界排名第一的高峰，地形呈金字塔狀複雜險峻。叢山之間夾雜陡峰，上面又覆蓋548條冰川以及各式的冰塔林地形。

● 觀光景點：

涵蓋四座八千公尺以上的叢山以及三十八座七千公尺以上的高峰，是登山愛好者的探險之地。

● 獨特風采：

1953年，英國人艾德蒙首創征服高峰之舉，之後，便有無數的山岳愛好者登山成功。

● 網址：

http://www.nationalgeographic.com/everest/

關於喜馬拉雅山的慶典、景色和活動。

珠穆朗瑪峰的景色奇特而壯觀，峰頂呈金字塔狀，橫空出世，高入藍天，被譽為「世界第三極」。
Steve Satushek／攝影

珠穆朗瑪，千百年來，你雄踞於我們這個藍色的星球之巔，你屹立在世界屋脊，你默默無語俯視著歷史長河潮起潮落。你是生命的崇尚，你是靈魂的家園。多少年來，叫人夢魂縈繞，刻骨銘心。你的高大，你的巍峨，你的凝重，你的肅穆……，你的一切都使人陶醉，令人癡迷。

珠穆朗瑪峰那巨大的金字塔形山體巍峨聳立在喜馬拉雅山脈的群巒之中。它是萬山之尊，是至高無上、至潔無瑕的象徵。在藏語中，珠穆朗瑪的意思是「第三女神」，不禁讓人想起女神斬妖除怪的美麗傳說。人們常把珠峰和地球的北極、南極相提並論，被稱爲「世界第三極」。

珠穆朗瑪峰以其地球之巔的美譽，成爲世界各國登山家心目中的「聖殿」，是每一個登山家的終生夙願。其峰體給人肅穆和神聖的感覺，透過稀薄而透明的空氣，目光久久的落在可望而不可及的雪山之上，這就是巍峨肅穆凝重的喜馬拉雅！仰視，聆聽，喜馬拉雅極盡蒼茫之勢，極盡艱險之態，極盡博大之魂。生命，和起伏的喜馬拉雅群山一起博動、呼吸。靈魂，脫弦的箭羽酷似火焰，以擎托的方式飛旋，燃燒，昇華，……心潮起伏、心潮澎湃、心潮翻滾，一股源於大地的神韻在胸襟迴蕩……。

許多外國登山隊只得承認，從天險重重的北坡攀登這座「連鳥也無法越過」的山峰是不可能的，並且把珠穆朗瑪峰北坡稱爲「不可攀越的」和「死亡的」路線。珠峰不僅巍峨宏大，而且氣勢磅礴。珠峰上發育了許多規模巨大的冰河、冰斗、角峰等，在山脊和峭壁之間，分佈著數百條大小冰河，還有許多美麗而神奇的冰塔林，猶如仙境廣寒宮。若天氣晴朗，能看到山頂上有一團乳白色的煙雲，

←珠穆朗瑪峰終年積雪，勁風吹拂，顯得飄飄灑灑，狀若女神面紗。

Chris Noble／攝影

緩緩東移，彷彿掛在峰頂上的一面飄揚在藍天中的白色旗幟，這便是珠穆朗瑪峰獨有的奇觀——「珠峰旗雲」。

經幡上那紅色是太陽，黃色代表土地，藍色就是天空，綠色形容莊稼，白色就是高原上聖潔的冰雪。而珠穆朗瑪峰，也早已成就爲一種風景之外的、更深層次的圖騰，它是一種精神，一種氣度，一種生命的超凡和靈魂的錘煉，人世間的生與死，得與失，都變得輕如鴻毛，無足輕重。靈魂，在雪茫中飛翔，回歸……。

↑珠穆朗瑪峰地勢險峻、冰河地貌現象廣泛分佈，是許多探險愛好者夢寐以求的天堂。
Chris Noble／攝影

皎潔瑰麗的赤道雪山 *Kilimanjaro Mount*

吉力馬札羅山

● 所在位置：

位於西非的坦尚尼亞，靠近赤道。

● 地理特色：

非洲最高峰，高達5895公尺的死火山，山勢由北向西南延伸。

● 觀光景點：

終年白雪覆頂的吉力馬札羅山自成一個國家公園，有許多瀕臨絕種的野生動物活躍其中；另外，因為靠近赤道蘊含許多豐富的植物生態。此山也是登山客健行的好去處。

● 獨特風采：

根據聯合國的報告，因為全球暖化的關係，原本白雪不化的吉力馬札羅山冰帽已經開始融化。並且預計15年後，冰帽會完全消失殆盡。

● 網址：

http://www.artisan.com.tw/tour_picture_eastafrica.htm

這裡蒐藏許多東非的美麗景色攝影，當然包括吉力馬札羅山。

吉力馬札羅傲然聳立，這裡的動物在它的庇護下也活得消遙自在，弱肉強食在這裡彷彿不存在，一切看上去都是那麼和諧。Renee Lynn／攝影

人世如海，蒼茫，奔騰，人在海中浮躁著。存在著的或者簡單或者複雜的目的，人的頭腦或者清晰或者混濁。於是人們都需要洗禮，需要在大自然面前與自己的靈魂對話。於是來到非洲，遠離熟識，參拜吉力馬札羅，這個上帝居住的地方、坦桑尼亞人心目中神聖的山。

吉力馬札羅山屬於坦桑尼亞，屬於非洲，是粗獷驃悍的非洲人的象徵。目前它仍然是一座活火山。凝神遠眺這座壯麗深邃、氣象萬千的大雪山，或深深地投入它恢宏寬大的胸懷時，在寧靜中常常能體味到它那股內在的偉力，一種燃燒著的、騷動著的原始生命力。正是這種洶湧澎湃著的內在震撼力，伴隨著非洲這艘巨船揚帆競發，從遠古駛來，又向未來駛去……。

晴空萬里，陽光普照，青山、白雪、浮雲，清晰可辨，遙望吉力馬札羅山，它如同戴著一頂銀光閃閃的王冠的君主，傲然挺立，俯視著大地。其峰頂有一火山口，地勢平坦，似一只巨大的碗口，積雪皎潔如晶瑩的寶石，陽光照射處積雪融化，露出了棕色的熔岩，連那熔岩流淌的痕跡也清晰可見，朵朵白雲在雪山四周飄蕩。非洲屋脊終於在陽光下現出了眞面目。

吉力馬札羅，一座存在於人們想像中的山，在著名作家海明威筆下，吉力馬札羅的雪是它不朽的靈魂。在東非的斯瓦希里語裡，吉力馬札羅意思是「光明的山」。這座山誕生於熱與火的洗禮中：火山造就了它偉岸的身軀，而山頂終年不化的冰雪是它永恆的燈塔。古老而美麗的天神與魔鬼鬥爭的故事至今仍廣爲流傳，使這座大山變得神聖而威嚴無比。

當落日把它那殷紅的餘暈撒向西山坡上的條條雪瀑時，奇跡出現了：半壁山

大象是吉力馬札羅山的常住「居民」，牠們往往構成這裡一道美麗的風景。Art Wolfe／攝影

體紅妝素裹色彩斑斕，幻化出一種流動的質感，與後面淡青色的天光相映成趣，儼然是一幅妖嬈無比的「雪山夕照」圖。一陣山風驟起打破了洪荒遠古的寧靜，逶迤起伏的重重山崗頓時騷動起來，層層綠浪頗顯浩渺之勢。而此時，山頂上的雲霧偶爾散開，潔白晶瑩的冰山雪峰在落日餘暉的照耀下，閃爍著耀眼的光芒。

人是屬於大自然的，因此人和動物都是大自然的兒女。吉力馬札羅山自然保護區內棲息著大象、獅子、豹、犀牛、斑馬、羚羊、野豬、猴子和鳥類等上百種野生動物。林間的長頸鹿，正伸著長長的頸在吃樹葉；巨大的非洲象在林間悠蕩，成群的小鳥飛來飛去，在牠們身上雀躍啄食；圓滾滾的野豬長著一對長長的門牙，正在拱土尋找蚯蚓；成群的斑馬在林間覓食……，尤爲引人注目的是斑馬和羚羊。斑馬黑白相間，線條分明，幾十頭聚集在一起，像似一幅流動的油畫。置身於天然動物園，這些野生動物與人親密無間。在美麗的風景面前，彷彿艱難的路途也會變得輕鬆起來。

在古代阿拉伯人的心目中，吉力馬札羅山是「一座令人陶醉的山峰，它漂移不定，人們渴望著來到它的面前，但卻永遠也到不了！」在那裡可以看到紫色的薄霧遠遠地飄浮在地平線上，而在這雲霧之上，你可以看到一座「金字塔」奇跡般地懸浮在空中，那就是吉力馬札羅山的雪頂。

是夜，月影幢幢夜風清清，靜謐得連松針落地竹葉搖曳都清晰可聞，偶爾一兩聲蟲鳴鳥叫，伴著潺潺流水聲，人不思不想，忘了山林外的世界。記憶是人靈魂的一部分，所以這片刻的經歷，有多大的震撼力，將永遠留在人的心中。

傍晚的吉力馬札羅山是另一種風貌，仍然依稀可見的雪白峰頂，時間彷彿都在這裡凝固了。
Stan Osolinski／攝影

人與自然和諧交融的交響曲

洛磯山脈

Rocky's Mount

● 所在位置：

位於加拿大西部亞伯達省緊鄰哥倫比亞省。

● 地理特色：

從南到北距離為五百公里，面達廣大約有兩萬多平方公里。地形豐富有高山、峽谷、湖泊、溪流和瀑布。

● 觀光景點：

從小鎮傑士伯開始，班夫、優鶴、瓦特頓湖國家公園廣稱的落磯山脈區，已列入聯合國教科文組織的世界遺址。冬天適合賞雪和飽覽冰原和遊玩美麗的湖泊，像是露易斯湖和翡翠湖。

● 獨特風采：

充滿原始風味的森林是動物的最愛棲息處，尤其是班夫國家公園麋鹿、野狼、野羊、角羊和灰熊分布於山林中。

● 網址：

http://home.kimo.com.tw/dc_chao/Banff.htm

有關班夫國家公園的介紹。

路易士湖在洛磯山的懷抱中，水清至純，景色美不勝收。David C. Tomlinson／攝影

生命的本身就是一個奇跡，來到這個世界純屬一種偶然，為什麼那個時刻未經你選擇而發生在你最強壯的一瞬間？為什麼你偏偏選擇了那一刻？你將如何去認識生命的意義，而不至於度過生命的期限，才知道你生活的正確與否。生命，所有生物的生命，在這裡都是平等的。

在世界的一端，有一片神奇的土地散發著無窮的魅力。它有著秀美清幽的路易士湖，雄渾壯美的尼加拉瓜大瀑布和精奇別致的千島湖，更有巍峨向遠的洛磯山脈。

位於溫哥華北部的洛磯山脈，依然保持著自然的古樸清新，沒有遭遇人類文明的破壞。這裡的一切都那麼自然，沒有人類帶來的污染。春天時，可以看到很多動物在冬眠醒來後找食物吃，這些動物完全不避人，而前來遊玩的人類也給予動物足夠的空間，讓牠們以自己的生活方式與人類共存。登上洛磯山脈，看綿綿的山脈中廣闊的冰河，翠綠的湖泊如寶石般鑲嵌在深綠色的針葉林中，林中棲息著各種動物。山與冰河、森林與湖泊，和諧地演奏著洛磯山脈悠遠的交響曲。人與動物、與自然的和諧，猶如魚水難分，親密無間，難怪聯合國人類發展計畫處從一九九四年至一九九九年，連續六年將加拿大評爲世界上最適宜居住的國家。人類環境的保護只有體現在自覺的行動中，環境對人類才會給予眞誠的回報。

這座被鮮花、綠樹、草坪覆蓋的大山，一年四季變化出不同的色彩。雄偉的山峰，綠色的森林，彎曲的河流，如鏡的湖泊，構成了一幅

洛磯山脈一年四季都有不同的色彩。春天時滿山五顏六色的小花就像是一幅鮮豔的水彩畫。
Kent Miles／攝影

洛磯山的雄偉和壯麗讓人類感到驚訝，洛磯山就彷彿是
被遺落在人間的天堂。Jacob Taposchaner／攝影

美輪美奐的油畫。站在山上，頗有人在天空下，心在空中飄的感覺。時而能看見一群一群的動物橫穿公路，慢悠悠地走過，但汽車司機總是將車主動停下，等這些可愛的生靈走過去了，再繼續行駛。在海邊筆直的路堤上，人行小道的兩旁都鋪滿了綠色的草坪，一群群海鳥落在草坪上懶散地曬著太陽，享受著這裡清新美好的環境。水面上遊玩的海鷗，成雙成對，無拘無束。這裡就像牠們的家一樣，來往自由。

山谷間有天然的湖泊，它如一塊翡翠鑲嵌在茫茫碧野上，像個奇跡。地毯似的草地上點綴著各種各樣姹紫嫣紅的小花。「洛磯山脈的明珠」路易士湖，湖水呈珍珠色。水是至清的，甚至可以看到沉在水底的，那些死去的麋鹿角。你難以想像牠們活著時有多龐大，光那些「角」就有半個人大。

沒有電話、電視、電腦，所有現代化的工具在這裡都失去了生命。正因爲這樣，讓心慢慢沉澱下來，恢復單純本性。每一天的日子都是舒展的，或放馬飛馳，或悠閒垂釣，更多的時候，什麼都不用做，只是想想自己的人生，想想那些曾經理不清的心煩事，什麼該做什麼不該做，決定自然流露，人生突然變得簡單易行。

你是否已經忘記生命中一切的滯凝和矛盾，在心中譜成甜蜜的諧音，用纖巧翅膀輕輕觸到生命的雙足，快樂就可以自自然然的走來，去撥動了生命的弦索？或許你本就是佛家一條跌宕的小溪，只應疏齒砂石讓你流向大海，斷不能堵塞江口，把你引去點綴帝王家的樓台亭榭。罷了，生命應歸自然，立在佛前，你也是一道美麗的風景！

雲海茫茫，洛磯山不停變換著色彩，展示著它多樣的風景。
Rosemary Calvert／攝影

洛磯山是登山愛好者的天堂，從絕壁上攀登洛磯山是人類對大自然的又一挑戰。Dugald Bremner／攝影

洛磯山脈白雪皚皚，呈現出一幅最原始的自然風貌。Alan Majchrowicz／攝影

大自然的宮殿

阿爾卑斯山

The Alps

● 所在位置：

山脈橫跨歐洲五國：奧地利、瑞士、義大利、法國以及德國。

● 地理特色：

由法國尼斯延伸，穿過義大利北部、奧地利西部，橫跨瑞士東南部，最後深入德國南部，被喻為歐洲的屋脊，最高峰是白朗峰。

● 觀光景點：

乘搭景觀列車可以遊覽阿爾卑斯山，沿線有許多美麗的觀光小鎮，欣賞獨特的多語文化，甚至飽覽花朵和山峰的秀麗景致。

● 獨特風采：

有多款式的景觀列車登上阿爾卑斯山，包含伯連那快車、MOB黃金列車、獨特齒軌登山火車以及獨特齒軌登山火車。

● 網址：

http://ad.europetravel.com.tw/germany/germany.htm

針對阿爾卑斯山在德國的獨特玩法。

阿爾卑斯山頭頂白雪，在陽光的照射下一片燦爛。Todd Powell／攝影

阿爾卑斯山脈是歐洲最高大、最雄偉的山脈。它在歐洲的勢力範圍極大，想忽略歐洲第一高峰是絕對不可能的！在大多數人的經驗裡，但凡美麗的山，必然是滿身一色的青翠。阿爾卑斯山卻是獨樹一幟，綿延不絕的山巒間滿眼撲來的都是目不暇接的五顏六色，滿山遍野童話世界般的花團錦簇，生動得讓人忘了呼吸。

冬日的阿爾卑斯山，白雪皚皚，冰河連綿千里，銀白色的山坡陡斜雄偉，故而成就了一屆又一屆的滑雪賽事。滑雪的人們做著優美的回轉；玩雪地滑板的人像跳舞一樣，歡快地跳躍著；還有四處響起的滑雪橇的孩子們的笑聲。他們都如翱翔在白色世界裡的雪域雄鷹，體驗著自由和堅韌。如若說要在高山上不會滑雪也想體驗一把刺激的感覺，那麼艾圭勒杜彌迪纜車是一個很好的選擇。它由單纜支持，也是目前世界上最長的一條單纜車，由於離心力強，有浮蕩的感覺，穿越雲霧，宛如仙人，在接近米迪針峰時，令人有撞向山壁的恐懼感。經受了一番風雪的洗禮，自然的宏大和神聖還是比圖片更清晰地刻進了身臨其境的人們心裡。

在歐洲，幾乎處處都可感覺到阿爾卑斯山的存在，難怪它被叫做「歐洲屋脊」了。這座重量級的山，也收藏了歐洲最重量級的美。可別以爲到阿爾卑斯山不是登山就是滑雪，那就大錯特錯了！這裡實在有太多不可思議的景色與感受。例如，這裡的湖泊的藍是令人無法想像的大藍，還有無數乾淨到發亮的泉水、瀑布，美麗的峽谷、一望無際的綠野，綠野上的野花，還可看到冰河。夜晚，阿爾卑斯山的幾個峰頂在夜空中閃著寒冽而聖潔的輝光。

阿爾卑斯，一個繁花盛開、綠茵如雲的人間仙境。凝眸觀望，阿爾卑斯山時

走進阿爾卑斯山，似走進雪中仙境般的童話世界，美得讓人呼吸停滯。
Anqelo Cavalli／攝影

而頭頂白雲，肩披冰河，腰繫翠林，清溪濯足；時而煙霞淡抹，彩裙輕飄。幽澗水澤兼具，草原森林相間，地勢廣闊，水肥草美，牧馬成群，景色秀麗。遠處的高山猶如穿著翻雲滾浪的大裙子，裙上一串高高矮矮的山峰，漫著白雪的山尖，在陽光下雲蒸霞蔚一片燦爛。山腳下，白花黃花相間的乳牛在悠閒踱步，紅瓦尖頂的住家小屋就飄在這奼紫嫣紅的花海上。更有一些不知名的小湖小河，顏色是晴空般的藍，蕩漾著雪山倒影，蘆葦草、蒲公英、各色不知名的野花、大傘蓋似的老樹濃蔭，舒舒坦坦、整整齊齊地圍著明鏡般的湖面。在這樣的一幅圖畫面前，用不著美酒，只需一陣帶著花香的山風，就薰得人心曠神怡。

知道阿爾卑斯，卻不一定知道阿爾卑斯腳下的美麗小鎮。忍不住走進這畫中去，一兩個轉折，一片蔥蘢中，驀然就是一個中世紀的小鎮。鵝卵石鋪成的小街一塵不染，木屋的外牆用白松樹皮包起，在陽光下泛出起伏的波紋。屋簷下掛著串串臘肉，後院裡齊齊整整地堆著冬季用的劈柴。鎮上家家戶戶都養花，裡裡外外開得熱熱鬧鬧，連牛棚的窗沿上都擺著大花盆，粉紅黛綠的一片。望著這古樸寧靜卻如大花園一般的小鎮，你會突然明白，阿爾卑斯山有這麼多令人迷醉的色彩，並不是大自然獨賜給它的。自然氣候決定了阿爾卑斯山不可能比別處有更優裕的自然條件，這般鮮豔奪目的山色，是因爲這裡的人更懂得如何打扮自己的家園。

於是除了阿爾卑斯山壯闊的自然景致之外，讓人更想捕捉的是，讓這片土地更顯生動的、實際生活在山裡的人們。可惜的是，有著害羞眼神、靦腆表情的農人，卻是可遇而不可求，眞遇上了，便是一份阿爾卑斯山的珍貴小禮物了。

↖阿爾卑斯山下的小鎮如一顆顆寶石，鑲嵌在這崇山峻嶺中，為高山增添了更加迷人的色彩。Bernard Roussel／攝影

←阿爾卑斯山的景色變幻莫測，一片雲海，就會讓人心曠神怡。Todd Powell／攝影

混沌時代的殘片 Giant's Causeway
巨人之路

● 所在位置：

位於北愛爾蘭。

● 地理特色：

玄武岩地質，約有四十萬根石柱，層面多樣，屬於四、五、七或八面。

● 觀光景點：

高度有四十呎，沿著一條兩側有柱子對稱狹窄漫長的路直走，尋找巨人的鞋子和巨人的祖母分布於何處。

● 獨特風采：

傳說芬是勇敢力大無比的巨人，聽命於愛爾蘭國王，曾和蘇格蘭巨人奮戰，最終愛上住在某島上的女巨人，特地為她建造一條通往陸地的巨人之路。

● 網址：

http://www.northantrim.com/giantscauseway.htm

關於巨人之路形成的因素和宜人的景色介紹。

玄武岩經過不斷地侵蝕和雕琢，在第三紀時形成了北愛爾蘭峻峭的海岸。Paul Harris／攝影

「巨人之路」位於英國北愛爾蘭東北部的安特里姆郡海岸，一九八六年被列入世界文化與自然遺產名錄。

這些屹立在大海之濱已有數千萬年之久的岩層，以其井然有序的排列組合及美輪美奐的造型，令人嘆爲觀止。難怪當初這裡的早期定居者固執地認定，這種現象只可能由一個神話中的巨人所爲。以他們所擁有的知識無法解釋這種奇異的自然現象，因此，他們把它稱爲「巨人之路」。

十九世紀的某一天。風從大海吹來，衣衫在風中翻飛作響。一位時代的巨人站在深達一一〇公尺的危岩旁，舉目遠眺，將「巨人之路」的美麗景觀盡落其眼底。「當世界從混沌初開中形成它現在的模樣時，不經意中在此遺漏了一小塊殘片，這也許便是混沌時代的最後一塊殘片。」巨人喃喃自語。

身爲聲名遠播的作家，薩克雷想必也聽說過有關「巨人之路」的眾多傳說。雖然在漫長的流傳過程中，許多傳說已先後形成了不同的版本，但在所有的傳說中，一個叫芬恩．麥庫爾的巨人都扮演著主要角色。

在這則平和浪漫的傳說中，古愛爾蘭阿爾斯特省的武士芬恩．麥庫爾（Finn McCool）是塔拉王的軍隊司令，他愛上了內赫布里底群島中斯塔法島上的一位身材高大的美女。爲了把這個美人腳不沾水地娶回阿爾斯特，芬恩建造了這條通往斯塔法島的石路。

美好的傳說承載著人們美好的遐思。相對這些充滿了浪漫情調的傳說，科學家們的解釋和考證則顯得異常的單調、枯燥，甚至有些冰冷。

→從近處看，奇異的棱柱就像一條用青石精心鋪就的老城的街道。Peter Scoones／攝影

←「巨人之路」是一條通向大海的巨大的天然階梯，這裡的景色總是讓人遐想聯翩。Derek Croucher／攝影

即便是作爲人類精英的科學家，也對這種自然現象產生了疑惑。經過漫長的求索之後，他們才得出一致的結論：「巨人之路」是一次火山爆發的結果……

無數密密麻麻的玄武岩石柱鱗次櫛比地從海裡凸出，有些呈灰色並已嚴重風化，其他則呈漆黑或是深黛色。一部分六棱柱形石柱彼此相嵌，鬼斧神工般形成一個岬角，如同一條蜿蜒的石路，平緩地延伸入海。白色的浪花千萬年來不倦地沖刷著岩層，在玄武岩石柱的上方形成一塊塊低淺的水窪。劇烈的海風和多變的氣候在幾百萬年間也不斷對石柱進行侵蝕和雕琢。而那些有規律排列的較小的石柱周長不等，又讓人猜測這些是否是專爲傳說中的巨人準備的座位。

隨著時光的流淌，「巨人之路」已爲越來越多的人所知曉。眾多不知姓名的人癡迷之餘爲「巨人之路」中的景觀取了許多光怪陸離而又悅耳動聽的名字，如「扇子」、「管風琴」、「馬蹄鐵」等。

大自然之變化無窮，不得不讓人類驚嘆！站在「巨人」的腳下，讓我們內省吧！

「巨人之路」是柱狀玄武岩地貌最完美的景觀。如傳說中那般，路建好了，美人真的能至此而歸嗎？ John Lawrence／攝影

人間伊甸園

2 最後的伊甸園

Dancing in the Eden

在薰衣草花田跳舞 普羅旺斯

Provence

● 所在位置：

位於法國東南方，接連義大利，鄰近地中海的蔚藍海岸。

● 地理特色：

位於石灰岩區，馮杜山是其中最高的山。

● 觀光景點：

欣賞山區的向日葵和薰衣草是不可錯過的行程，另外，亞爾充滿古羅馬遺跡；亞維儂和尼斯則是充滿藝術的氣味。馬賽和坎城這兩個城市都是休閒的好去處

● 獨特風采：

小說家彼得．梅爾稱讚普羅旺斯是人間天堂，這裡也是藝術家的最愛，許多地點都在大師畫筆的點綴留下美麗的蹤影。

● 網站：

http://sinoprovence.ifrance.com

如果你還沒去過普羅旺斯，可以先來這裡晃晃。

普羅旺斯是薰衣草之鄉，每到7、8月時，翠綠的山谷鋪滿了無邊無際紫色的花田，香味撲鼻的薰衣草在風中搖曳。
Jeremy Walker／攝影

↑奧澤麵包和神奇雕塑，在當地很受人們的歡迎。George Haling／攝影

有一個地方，生活簡樸而高尚，生活節奏舒緩，可以好好地吸一口忘草香，嘗一口鮮味芝士，感覺愜意而滿足……漸漸地，就忘記了時間。這裡就是法國的普羅旺斯。

「如果有一天，我很老了，老到走起路來像藤蔓植物一樣搖搖擺擺，那麼我希望可以住在一個小木屋裡。窗外沒有普羅旺斯的薰衣草像海一樣深邃完全沒有關係。」

十二世紀的騎士應該怎麼也不會想到，因爲自己的愛情使這個世界「ROMANTIC」了起來。他們更不會理解，爲什麼現代社會，對一個高貴女人忠心耿耿的愛情不再是男士一切活動的出發點和終結點。是騎士落伍了嗎？如果說他落伍了，爲什麼有緣攜手婚姻的情侶，還要去普羅旺斯進行自己的蜜月之旅，追隨典雅的騎士愛情，以爲愛情從此就眞的地老天荒了？

如果有人說普羅旺斯是徹底的浪漫大概也不過分。因爲這裡除了久遠流傳的浪漫愛情傳奇，還有因電影情節而著名的嘎納，因《馬賽曲》而名聞於世的馬賽，因《基督山恩仇記》而爲眾人皆知的神秘伊夫島，還有儒雅的大學城艾克斯和亞維農、回味久遠的中世紀村莊、街邊舒適的咖啡小館……，現代文明和古老文化相輝交映，令人沉醉。每年有數百萬人湧入這裡，想親臨畫冊上難以描摹的美麗景致，及小說、散文中不可置信的悠閒與華麗生活。普羅旺斯會讓你忘掉一切。

很難說是普羅旺斯的浪漫愛情吸引人，還是這裡的景致更讓人流連。

地中海的水果成了普羅旺斯一道亮麗的風景線。
Jerry Driendl／攝影

地中海沿岸是一片大自然賜予的純淨天地，這裡的光與影、海岸與天空，
造就了特殊的藝術氣質。S.Pitamitz／攝影

當天空藍的通透明澈，空氣像新鮮的冰鎮檸檬水沁心入肺，心底最深處如有清泉流過，叫人直想歌嘯。漫山遍野的薰衣草讓人狂喜不已，自行車上、牛頭上、少女的裙邊插滿深紫淺藍的花束，整個山谷彌漫著熟透了的濃濃草香。田裡一叢叢四散開來的薰衣草和挺拔的向日葵排成整齊的行列一直伸向遠方，田邊斜著一棵蘋果樹，不遠處幾棟黃牆藍木窗的小磚房子。

↑普羅旺斯的每一處，都帶有令人憧憬的色彩。
Kamil Vojnar／攝影

如果有人來普羅旺斯是爲了追尋騎士的腳步，那也一定有人是爲了看一看薰衣草，那在《薰衣草》電視劇裡讓人著迷的紫藍色小花，是普羅旺斯的標誌。七、八月間的薰衣草迎風綻放，濃豔的色彩裝飾翠綠的山谷，微微辛辣的香味混合著被曬焦的青草芬芳，交織成法國南部最令人難忘的氣息。這種多彩的愛情小花盛開在魯伯隆山區和施米亞那山區。陽光撒在薰衣草花束上，是一種泛藍紫的金色光彩。當暑期來臨，整個普羅旺斯好像穿上了紫色的外套，香味撲鼻的薰衣草在風中搖曳。

普羅旺斯的大自然是慷慨的，或許偉大的香水技師並未從中獲得多少的啓示，但對於藝術家來說，它是靈感的源泉。馬蒂斯、雷諾瓦、畢卡索、伯納爾、夏卡爾……都曾流連於此。

你很難找到什麼地方能像普羅旺斯一樣，將古今風尙完美地融合。穿越在普羅旺斯的古城和小山村裡，任何人到了這裡都要學會放下城市裡慣有的匆忙步伐，慢慢地品味陽光下搖曳的樹葉，石牆上見人不驚的小鳥和空氣中彌漫的薰衣草香。當人們再次享有寧靜，或是沐浴暖暖的陽光、或者細品醉人的落日、或是仰望滿綴星辰的夜空，每個人都會由衷地感到，生活不會再比此刻更加美好了。

↑普羅旺斯的天空藍的通透明澈，尤其是在海邊，空氣像新鮮的冰鎮檸檬水一樣沁人心肺。 Mark Loiseau／攝影

印度洋裡的美麗邂逅

馬爾地夫

Maldives

● 所在位置：

位於印度與斯里蘭卡西南方的印度海洋上。

● 地理特色：

由19座珊瑚環礁組成1190個島嶼，群島跨越印度洋南北長800公里，東西寬約1200公里。

● 觀光景點：

87座島嶼有觀光飯店進駐，而且每一座的島嶼都有自身的渡假飯店。在此欣賞藍天白雲，在潔白海灘行走，彷彿置身天堂。

● 獨特風采：

馬列（Male）是世界最小的首都，面積只有2.5平方公里。

● 交通建議：

從馬列機場步行不遠即到碼頭，有投宿飯店的專屬遊艇等候接送。

● 網站：

http://www.mle.com.tw

馬爾地夫旅遊網，詳細介紹歷史和地理特色。

←海葵在海洋深處靜靜的伸展著它的觸角，似在講述著那些不為人知的故事。A Witte/C Mahaney／攝影

↓美麗的馬爾地夫，就是人們夢想中的天堂。

無際的海面上，猶如天際抖落而下的一塊塊翠玉，星羅棋佈成一個個如花環般的小島。小島中央是綠色，四周是白色，而近島的海水是淺藍色、藍、深邃的藍，逐次漸層。分不清哪裡是海水，哪裡是沙灘，也許海水就是沙灘的延伸，沙灘也只是海水的依託。

在馬爾地夫，時間，是用來恣意浪費的。陽光太多、海水太藍、時間太多、美女太豔、俊男太猛，這些太多成了馬爾地夫獨特的赤道風情。赤著一雙腳在細白沙灘上，感受馬爾地夫的體溫；泅泳於海洋裡，聆聽馬爾地夫的心跳頻率。忘記時間、忘記工作，盡情的吃喝玩樂，是上帝允許的放縱。

馬爾地夫，神奇的馬爾地夫，如此讓人鍾情。將自己投擲到天空，因為在天空中，才能看到它的全貌，感受到它靈魂中的美，才會明白印度洋中的一顆遺珠之稱的意義；讓自己跳進海裡，因為，在海洋中，會聽見自己與它心跳的聲音；在海洋與陸地之間，體驗來自身體最原始的感動與力量；陸地上的馬爾地夫也很精彩，因為，人跟人的交流，人跟大自然的交流，如此深刻。

如果你是一尾魚，這裡便是天堂。但如果只有這個理由，那就太對不起馬爾地夫了。這裡還有繁星萬點的夜空，日出與日落、奇趣無比的袖珍國都。它們和其他地方不同，因為發生地點都在印度洋上的伊甸園。馬爾地夫一島一景，島的寧靜和海的清澈，構成了一個不存在於現實中的童話世界。

馬爾地夫，這個世界三大潛水勝地之一，碧藍的海水，清澈如鏡。在島四周儘是千姿百態的綿延珊瑚環礁群與神話夢境般的藍色礁湖。雪白晶瑩的沙灘，倒映在水中婆娑的椰影，大群五彩斑爛的熱帶魚構成了馬爾地夫的「動畫」景觀。

←馬爾地夫的海上木屋，就像漂流在蒼茫的赤道海洋中的一隻小船，具有自由奔放的原始風情。Angelo Cavalli／攝影越過沙灘是一片青蔥翠綠的椰林，從海裡游水上來，在兩株傾斜的椰子樹上拉起一條吊床，身著泳衣斜躺在上面，濕漉漉的頭髮隨意地從吊床邊垂下，眼睛輕輕地閉著，帶著一點點慵懶。即使陽光再猛，只要躲在這裡，便可無憂無慮地小憩。在這裡，時間已經完全沒有意義。馬爾地夫是個會讓人忘記時間的地方。

唯有不問世事的時候，才會知道原來平靜並不難求。喜歡看海就坐在碼頭邊望著天涯海角直到永遠，把天和海看成一條線。喜歡看流星就整夜呆在星空下，把星星都裝進從來不曾如此寬闊的眼簾。

喧嘩還是寧靜，任由選擇。傍晚時分，坐在岸邊的躺椅上，遠眺一天中最後一道陽光平和安詳地沉落在印度洋裡，鮮豔的橘紅色夕陽，將雲和海染成同樣的橘紅色，耳際還飄來一曲古典樂，所謂偷得浮生半日閒，也不過如此。

與摯愛的人趕在天亮之前，摸索到日落的反方向，在靜謐無人的潔白沙灘上，安然等待一天裡的第一道陽光。心中默默念著：「在地球上最後一個樂園裡，只有你和你的愛人，還有馬爾地夫……。」

如雲的清雅美人

英國湖區

Lake District

● 所在位置：

位於英格蘭的西北方，現為湖區國家公園，1951年興建為英國最大的國家公園。

● 地理特色：

湖泊、丘陵、森林和叢山遍佈其中。

● 觀光景點：

湖區的小鎮具有人文特色，像是溫德米爾小鎮擁有彼得兔紀念館；這裡也是文學家的最愛之地，如詩人華茲華斯的故居「鴿舍」位於葛拉斯米耳。

● 獨特風采：

據說遊覽湖區最適合鵝的季節是晚春及早秋，這兩個季節因為水氣充沛特別能飽覽湖光的朦朧之美。

● 交通建議：

從倫敦前往湖區可選擇搭乘火車或長途巴士。

● 網站：

http://www.lake-district.gov.uk

湖區國家公園的官方網頁，從這裡讓你對湖區有更深層的認識。

巍峨遠山，明鏡湖光，倒影的城堡，童話的世界翩然而至。Chris Ladd／攝影

一見鍾情，不只適用於人，同樣適用於地點。
十六個湖，猶如十六個美人，有的安靜，有的秀氣，
各有味道，靜靜地躺在山脈間。這裡就是英格蘭西部的湖區國家公園。

這十六位美人在群山之中格外晶瑩優雅。陽光之下，美麗的波光粼粼地閃爍著，魚兒暢游其中，寧靜而又安逸。有評價說，湖區是「人類和自然良好共處，相得益彰的經典。」這裡湖光山色，景色迤邐。時而透著中國江南水鄉的清秀靈氣，時而又在山水間顯露著北國風光的巍峨。造物主在這裡布下了一切自然界能有的美麗風景：湖泊、河谷、山峰、瀑布種種巧奪天工的自然雕琢。最美的當然還是星羅棋佈的湖泊。它的美，在那每一寸的山水間，讓人采擷不盡；它的風韻，讓離開的人們依舊回味。

優雅浪漫的環境，是孕育文人墨客的土壤。雖然與眾多工業化大城市近在咫尺，湖區依然保持著恬淡與平靜。正是這一分恬靜，讓許多著名的英國詩人、作家、畫家在這裡找到了靈感，真可謂「地靈人傑」。

落日斜暉中的湖區，近與遠，深與淺，明與暗，各種色彩與光影的舞蹈在這裡交織輝映，真實與幻境，只在一念之間。Antony Edwards／攝影

目睹這千百年地質變動的天然美景，人們的情懷已經不自主地與浪漫聯繫在一起，再也無法將這明麗的湖光山色與手執傘杖的英國紳士聯繫起來，在這世間無與匹敵的景致裡，不需要剎那的靈光，只要把心中的感動記錄下來，便是一首絕美的詩篇。

湖區周圍的小鎮是令人覺得舒服的地方，它們大都掩映在樹林中，或是建在湖邊。沿路走，兩旁的綠意是以美麗姿態佇立，更有楓葉染紅的美麗溫馨的小房子。晚上，在玻璃窗上繪著秀氣的圖紋，中間亮著一盞昏黃的燈，構成了一幅令人讚嘆的畫面。在這如詩如畫的湖邊，捧一本經典的英詩，度過一個遠離塵囂的安靜夜晚，實在是無比愜意的事情。

湖區的自然美景和深厚的人文底蘊，讓人們陶然忘返，那感覺像是經歷了整個春天。日近黃昏，陽光暖暖地、柔和地從樹枝的縫隙間灑下。德溫特湖四面環山，其中一面較緩的山坡被牧羊人當作天然的牧場。逆光看那些坐臥草坡上的綿羊，一隻隻都像是被鍍上了金邊。鋪滿落葉的小道，感覺漸涼，空氣有水氣瀰漫。於層層疊疊的林蔭間，偶然可見波光閃動，片片白帆掠過湖面。好久不見湖泊邊緣，無盡的潮汐，攜來卵石和落葉堆砌成堤岸；清澈的微波捲來，水浪的節奏催人欲眠。

春夏之交來到這裡，滿目翠綠，緞面般寧靜的湖水，天鵝絨般的草坪，翠生生的好像一幅還未乾透的水彩畫。在草地一隅人家旁不起眼的地方，一扇小小的木柵欄，是通向桃源的密徑。連正午最燦爛的陽光也透不過樹蔭，腳下濕潤的泥土生滿青蔥的苔蘚，有潺潺的小溪奔流向湖邊，林中飛鳥穿梭，水聲、鳥鳴迴盪在耳邊。從鎮上繁忙要道，鑽入原始叢林，告別了人語車聲，清冷的小徑少有人

↖水是湖區的靈氣之源，連空氣中都有水氣的瀰漫，整個湖區就好像一幅未乾的水彩畫。Val Corbett／攝影

←沒有人知道，怎樣的言語，才能描繪出這樣的清新與明媚，因為來不及開口，它已經如此真實地幻化在眼前。Tom Stock／攝影

煙。太過安靜了，連落葉飄零都會打擾這寧靜。

近處的白雲，是飄渺的煙霧，輕薄淡然無法成形，彷彿能隨風吹散。遮掩不住晴空的湛藍，它們只是若有若無的存在。距離欺騙了眼睛，還是眞的留出空間讓雲彩成群，顯出鬆軟質感。大朵棉絮狀的雲，雪白鮮亮得耀眼，沖淡了天空的顏色，留下明淨的淺藍。不知是雲彩成就了天空的變幻，還是天空甘心做了雲彩的舞台。

遙遠的風笛聲、極目的原野、醉藍的天空、大河小橋人家、威士忌酒香，湖區——一段生命旅程最接近天堂的地方。欣賞著如風景畫般的山林美景，沉浸於特有的悠閒世界，貼近自然，感覺自己彷彿有了翅膀，飛向這美麗、靜謐的天堂。

湖區周邊有一個維多利亞時期的古老市鎮，附近還有凱爾特人的巨石遺跡：卡塞里格石圈充滿了古老神秘的氣息。
Chris Alan Wilton／攝影

自然界擁有的一切美麗景色似乎都在這裡了，湖水是讓人心動的藍，伸出手，天堂彷彿就在眼前。

永遠流動的土地 Serengeti

塞倫蓋蒂

● 所在位置：

位於非洲東部、赤道以南，就是坦尚尼亞和肯亞之間的大草原。

● 地理特色：

約23萬公頃的面積被國家明文規定為狩獵保護區。夏季乾旱，秋季才有充足的雨水。

● 觀光景點：

令人稱奇的此地有200萬種野生動物。一年一度例行上演動物大規模的遷徙，每年夏季北移到水草豐盛區，雨季時又回到此草原繁衍生子。

● 獨特風采：

角馬每年遷徙的路程約160公里，費時四天才能抵達水草豐盛處。

● 網站：

http://www.serengeti.org

塞倫蓋蒂國家公園官方網介紹此地的動物。

←每個生命的背後都有一個神奇的故事，塞倫蓋蒂是地球上僅存的幾處動物樂園之一。Tomek Sikora／攝影

↓塞倫蓋蒂廣袤的草地、嶙峋的怪石和奇異的樹木，勾勒出一幅極具原始風味的畫卷。Tomek Sikora／攝影

在這個世界上大多數人都活在瑣碎和平凡中。
但這卻不是人生的全部，人生中也充滿了傳奇。

太陽神甘特利將自己的生命投入火焰中，用生命之火把一切的惡魔封印在特維斯的無底洞中。在太陽神將自己的生命之火燃燒殆盡之後，靈魂又回到了母親月亮女神巴菲亞的身體中，每天清晨他就離開他的母親飛往天空，趨走黑暗。每天夜晚，他就回到母親月亮女神巴菲亞的身體裡安睡，直到今天。

趕走炎熱乾燥的焚風，在塞倫蓋蒂草原上，忠實地執行著千萬年來從未間斷過的火刑。在天空巡視的甘特利神，向惡魔展現著自己無限的力量。草原的盡頭，眾神的避難所，在甘特利神的庇護之下，顯得格外的耀眼。

塞倫蓋蒂平原上的特維斯族，認爲自己是太陽神的後裔。他們存在世上的唯一使命，就是守護著特維斯禁地，防止惡魔重回世上。

特維斯族守護著遙遠非洲的這片大草原是地球上野生動物僅有的幾處樂園之一。在這裡野性的衝突、智慧的比拼以及生存意志的較量，構成了大自然最真實、也最激動人心的戲劇。這裡，是世界上最後一塊最大的草原，也是最大動物種群野角馬生息繁衍的場所。面對兇猛的禽獸、天敵和惡劣的氣候、環境，牠們每年沿著固定的線路，千里遷徙，挑戰自然；生死博擊，物競天擇，其場面壯觀，氣勢磅礴，向人們展現了另一個時代。這股由雨水啓動的自然週期，造就了當今陸地上最大規模動物遷徙的壯麗史詩。那種濃塵滾滾、萬馬齊奔的壯觀場面會讓所有人感到熱血沸騰、蕩氣迴腸。

一個又一個寶貴的物種，一個又一個神奇的故事，當所有的自然生命都能夠

塞倫蓋蒂充分展示了非洲的美麗和狂野，給人們無盡的遐想。Art Wolfe／攝影

按照自己的意志自由地生存、繁衍的時候，一定是野生動物們最美好的節日。野生動物遷徙時，斑馬、河馬、羚羊、大象、水牛成群結隊，連綿不絕，從天的那端，奔騰而來，塵土蔽日。天遼地闊，禽獸比鄰，人的靈性野性便都在暖風中赤條條的。時間是不存在的東西，感情也單純得只求互相依偎。

天空，藍光淺得如同無色琉璃，參差的短草，黃綠駁雜，一望無際，將天地間橫生生的平切成兩半。上半風飄雲捲，變幻多端；下半馬奔鹿走，生生不息。塞倫蓋蒂草原中，稀稀落落有些大綠柄桑，大多蒼翠，枝條盤曲。塞倫蓋蒂雨後的草原，使人知道在這個世界上不只是「夢裡世界開滿花朵」。

↑也許唯一能介入塞倫蓋蒂這片神奇土地的人類，就是當地的馬賽人。他們是古老而神秘的民族，與動物們一起分享著這裡的自然資源。Stu Smucker／攝影

↓塞倫蓋蒂的動物們一年一度的大遷徙是世界上最壯觀的景象之一，它們向人們展示了另一個時代。Pete Turner／攝影

南美的心臟 *Amazon Rainforest*

亞馬遜叢林

●所在位置：

面積橫跨祕魯、哥倫比亞、玻利維亞、委內瑞拉及巴西等國。

●地理特色：

橫跨赤道，匯集1100條支流，形成世界最大的熱帶雨林，面積約有650萬平方公里。

●觀光景點：

生態旅遊、釣魚和冒險都是不錯的選擇。長約3500公里的亞馬遜流域可乘船遊覽河上風情，或是參與亞馬遜叢林冒險。

●獨特風采：

亞馬遜區域至少有2000種魚類以及15000種動物生活其中。

●注意事項：

此地是熱帶雨林氣候，因此高溫多雨下易生蚊蟲，建議做好防護。

●網站：

http://www.mre.gov.br/cdbrasil/itamaraty/web/ingles/meioamb/ecossist/amazon/

介紹亞馬遜叢林區域內動植物的特色為何。

→吊橋是叢林深處唯一的「建築物」，它供人、同時也供動物們在上面行走。Amy Neunsinger／攝影

亞馬遜叢林是地球上生物多樣性最豐富的地區，叢林深處樹木茂密，人跡罕至，隱藏著大自然的無數奧秘。Robert Jureit／攝影

這是個用黃金打造而成的王國，卻有著「地球肺臟」和「綠色地獄」兩個意義截然不同的名字。亞馬遜叢林，到底有何神秘之處？

亞馬遜河素有「黃色地獄」之稱，而亞馬遜叢林也有個漂亮的名字——「綠色地獄」，很少有外來人敢冒險進入這個食人族和叢林毒物的領地。

被稱爲南美洲「綠色心臟」的亞馬遜叢林是地球上面積最大的熱帶雨林，這裡有著世界上最豐富的生命形態。在地球上其他任何的地方，你都無法找到如此多樣的動植物。站在任何一個地方，在周圍或者說在視野範圍內，很難看到兩棵同一物種的植物。只要有一種植物，在亞馬遜熱帶雨林裡可能就有四、五種它的姊妹種。然而，若是看到生命的極端多樣性，就認爲在這裡生存很容易，那就大錯特錯了。

叢林中確實有人居住，但人數之少可以與荒涼的沙漠相比。顯然這裡可不是什麼熱帶天堂。實際上，這豐茂的景象只是一種幻象。食物儘管看起來很充裕，但對人和動物來說，要想獲取這些食物，則須面對一場極爲艱巨的挑戰。在這裡，所有的生物都必須依照自然選擇出的方式生存。叢林會爲生物提供生存所需的任何東西，只要你知道如何去尋找。

說不上來的感覺，生命中似乎很少有三十分鐘是全然安靜的，但在亞馬遜河的夜晚，可以聽見森林的聲音，森林中有鳥叫、蟲鳴，此起彼落，穿插著野山豬和一堆不知名動物，不同調子的叫聲，似一曲叢林

↑近年來，亞馬遜叢林遭到嚴重破壞，如何保護它成為極待解決的問題。
Will & Deni McIntyre／攝影

交響樂……心情跟著寧靜下來……原來沉浸在原始森林中，是會被催眠的！

見過一具二千五百年的塞人乾屍，黝黑的眼眶凝視著什麼。蒼枯的毛髮落滿了紅塵。忽而明白，這是他用他千年的死亡，提醒人們生命的珍貴；渾渾噩噩中，覺悟到人生的短暫和自然的永恆。

於是整夜整夜，像阿里巴巴一樣，在月光照得到的地方，遍尋一把發光的鑰匙，讓人能穿牆而過，幽靈般降落於思念之處；這夢境猶如亞馬遜叢林般盤根錯節，被夢植根的公寓，每一根梁柱，彷彿會呼吸一樣。

不由得想起三毛說的一句話：「最深最平和的快樂，就是靜觀天地與人世，慢慢品味出它的美與和諧。這份快樂，乍一看也許平淡無奇，事實上它深遠而悠長，在我，生命的享受就在其中了。」

亞馬遜——這片世界上最大的熱帶雨林，上蒼賜予人類賴以生存的寶藏。它是美麗的，而如何保存它動人的光彩，則待人們好好思考。

夕陽西下，亞馬遜的山水是如此的安詳而美麗。

站在地球邊緣 *Grand Canyon*

科羅拉多大峽谷

● 所在位置：

位於美國西南部亞歷桑納州上的科羅多高原。

● 地理特色：

幾百萬年前的地殼隆起、造山運動加上河水長年沖刷形成佔地約三萬多公頃的特殊地形。內有方山、谿谷、懸崖、瀑布、峽谷以及山峰分布其中。

● 觀光景點：

徒步在大峽谷長約349公里的步道，可以體會山野健行和露營的快樂，可以參考赫米德步道的三天兩夜山野健行行程。

● 獨特風采：

隨著天氣變化，陽光移動的不同導致岩層呈現斑斕的色層改變，一種難以言喻的美震撼住人心。

● 網站：

http://www.skyislandtreks.com/

想要在大峽谷山野健行體會和大自然融合一起的舒暢，一定要來此網站看看。

科羅拉多大峽谷的色彩，總是撲朔迷離而變幻無窮，彰顯出大自然的斑斕和詭秘。Hugh Sitton／攝影

曾經題詩於壁上，隨時間悄悄的剝蝕，壁落詩消，連同走過的痕跡。無論是泣血長唳還是默然低嘆，歲月把一切化作梵香燃後的灰燼，已沒有了追尋的意義。其實，一切都在，詩在，痕在，壁也在，因為，泥土在！只是幻變了形態，成了層層的石岩，橫斷的地殼。感嘆吧！在現代文明不斷征服大自然的同時，卻仍然留下了如此壯麗的原始洪荒。

有一位地質學家說：科羅拉多大峽谷是一種無與倫比的奇景。面前層層疊疊的山岩十分壯觀，那是「天斧」之作，將地殼的橫斷面削砍得如此神奇。從地質角度上來看，它非常有價值，因爲裸露在峽谷石壁上的從遠古保留下來的巨大石塊，因其堅硬和粗獷而美麗。這些石層無聲地記載了北美大陸早期地質形成發展的過程。

那荒野而神秘的景色，讓人著迷；那險峻而富於特色的峭壁，讓人驚嘆。這個可以容納二五〇個曼哈頓的科羅拉多大峽谷，是科羅拉多河的傑作。幾千萬年甚至幾萬萬年中，科羅拉多河的激流一息不停地衝擊著它，在一片高原上雕刻出一道巨大的鴻溝，並賦予它光怪陸離的形態。今天科羅拉多河曲折蜿蜒，但人們站在絕壁上，仍可想像出當年在幽深的河谷中，巨浪排空、波濤咆哮的壯麗景象。

確實，這樣雄偉險峻的大峽谷突兀地橫亙在人面前，實在很難讓人用常規解釋它的存在。如果眞的到了谷底，就會發現這裡又是另一片天地。在被稱作「地獄」的谷底深處，也未必就要忍受無間的痛苦，體驗的不過是當年西部牛仔馳騁荒原的生活。

你的手搆得著千萬年前的岩石，而科羅拉多河在谷底綿延流淌，波光閃爍，

↖大峽谷兩岸都是紅色的巨岩斷層，大自然鬼斧神工的創造力使這裡呈現出一這岩層嶙峋、層巒疊嶂的景象，並且夾著一條深不見底的巨谷，顯出無比的蒼勁壯麗。David Muench／攝影

←科羅拉多河百萬年的咆哮，造就了今天神奇的大峽谷。Ernst Haas／攝影

彷彿是一條碧藍的彩帶。描繪大峽谷是十分困難的，很難用語言表達大峽谷的景色，只能在親臨大峽谷後，用心靈去感知它的莊嚴、靜穆和深邃，領略造物主賦予大峽谷的瞬息變幻和億萬年的寂寥。「天地者，萬物之逆旅；光陰者，百代之過客。」站在大峽谷的峭崖之巔，極目天際，才會真正理解詩人李白這一千古絕句的深刻哲理。

站在大峽谷的邊緣，就有一種站在地球邊緣的感覺。大峽谷裡最著名的是「老鷹峽」，這裡曾發生過一個美麗淒婉的愛情故事。坐在谷底小船的甲板上，就像掉進了地球的「縫」裡，抬頭仰望，遙遠的地方是無窮上蒼……

大峽谷以最赤裸的姿態，展現著自然界滄海變桑田的神奇，展現著時間的久恆。閉上眼睛，夕陽下的峽谷、岩石邊的夕陽、遠處隱約印第安人的笛聲、格羅菲（Ferde Grofe, 1892-1972）《大峽谷》的交響曲，感覺這被掰開的大地赤紅的土、湛藍的天、白炙的熱。

↑每一次雲與霧的搭配，顯示科羅拉多大峽谷的每一種美，原始蠻荒、蒼茫幽邃，壯美而神奇……。Jack Dykinga／攝影

←科羅拉多大峽谷迷人的景色令人流連忘返，它那氣勢磅礴的

動植物神奇的家園

加拉帕戈斯群島

Islas Galapagos

● 所在位置：

南美厄瓜多海岸外的群島，離美洲大陸約600英哩。

● 地理特色：

加拉帕戈斯群島是由12個大島和數個小島組成的火山島。

● 觀光景點：

擁有豐富的野生動物加拉帕戈斯群島最驕傲的自然資源，也是最值得觀賞的生態之旅。分布在島上的動物有象龜、巨鬣蜥、熔岩蜥、海豹、海獅以及各式的鳥類。

● 獨特風采：

1835年，著名的英國生物學家達爾文來到加拉帕戈斯群島，由於生物種類的豐富讓他萌生靈感寫下《物種起源》，提出影響世界的進化論。

● 交通建議：

可由厄瓜多首都基多搭機前往拉巴哥群島的巴爾屈機場，然後再到碼頭搭乘遊艇。

● 網站：

http://www.galapagosislands.com/

這一個網站網羅加拉帕戈斯群島的自然之美。

平靜的海、行駛而過的船隻、近處戲水的海豚，構成一幅生動而祥和的畫面。
加拉帕戈斯群島就是這樣美得不可思議。Ernest Manewal／攝影

赤道的海面常常比西湖還平靜。位於赤道線上西經九十度附近的群島叫加拉帕戈斯群島，這裡的海面有多平坦，有一個比喻說：船走在上面就像在飛機跑道上開車。

藍藍海水蒼茫無際，湛湛青天幽遠深邃。在這碧海藍天之間，一座座島嶼格外引人注目。加拉帕戈斯群島被稱爲「活的生物進化博物館」。神秘、誘人、不可思議是人們對它的評價。

加拉帕戈斯群島被人們視爲進化論的發祥地，至今仍在加拉帕戈斯群島的聖克斯托瓦爾島上豎立著的達爾文半身銅像就是明證。他深邃的眼睛注視著這片爲他帶來世界級聲望的大海和土地，彷彿在聆聽著什麼，似乎有什麼超乎人們感覺以外的神聖之物存在著。

在火山作用下從海底湧現出來的十五座島嶼組成了加拉帕戈斯群島。或許正是這種水與火的交融成就了加拉帕戈斯群島寒、熱帶動物共存的奇特景象。這裡有許多珍禽異獸，是地球上動植物的天堂。群島上既有南極冰雪世界的企鵝，也有熱帶動物大蜥蜴，同時又是世界上最古老的巨龜的產地，地球上重二百五十公斤巨龜和巨大蜥蜴唯一生存之地。諸多的海灣是海獅、海豹、海獺生活的天堂。島上是鳥的樂園，也是低等的羊齒植物和高大的椰樹的生長地。這裡的生物在與外界隔絕的情況下進化著，猶如世外桃源。難怪被人稱爲「活的生物進化博物館」。

月光灑落在大地上，有角反芻動物浩浩蕩蕩地在地平線上經過，大地好像也爲之震顫。這是一群野山羊，白天牠們隱藏起來，夜幕降臨時，牠們從山上下來

←加拉帕戈斯群島是動植物的天堂，薩莉倫輕腳蟹是這裡常見的物種。Pete Oxford／攝影

集合在一起。當你看著這些溫文爾雅的動物四處悠閒地遊蕩時，看著牠們長長的毛髮在月光下泛出光彩時，你很難相信牠們的入侵，是破壞加拉帕戈斯群島生態環境的罪魁禍首。這個勝似人間天堂的島嶼上，物種的多樣性不容侵犯。當小小的山羊擺脫了束縛，獲得渴望已久的自由時，你從來也不會知道牠會使生態系統付出如此沉重的代價。

愛它，保護它，勢必以這個愛的理由拒絕破壞者。海水拍打著小島的岩石，發出清脆的聲音，彷彿在提醒人們保衛住這神奇的家園。

流動的金色海洋

撒哈拉沙漠

The Sahara

● 所在位置：

位於非洲北部，由大西洋往尼羅河延伸，北到阿特拉斯山南至蘇丹的廣大沙漠區。

● 地理特色：

撒哈拉沙漠橫跨東西四千八百公里，面積約九百萬平方公里，分布沙漠、礫漠和石漠這三種地形，也是世界最大的沙漠。

● 觀光景點：

撒哈拉沙漠內有許多遺蹟和壁畫，像是位於阿爾及利亞的塔西里高原上的長達數公里的古壁畫群，描述大象、水牛奔跑跳躍之姿，形態非常美麗。

● 獨特風采：

橫跨10個國家的撒哈拉沙漠，其中有三千公尺的高山聳立，冬季還有白雪覆蓋山頂，整體看來非常的美麗。

● 網站：

http://blog.yam.com/cts_naf

穿越撒哈拉沙漠的浪漫傳奇。

無論是誰，都無法在這裡留下痕跡，風聲和沙粒，會把一切都歸還於大自然。

在非洲北部，西起大西洋東岸，東至紅海之濱，橫亙著一片浩瀚的沙漠，這就是世界上最大的沙漠——撒哈拉沙漠。「撒哈拉」一詞，阿拉伯語的原意是象徵廣闊的不毛之地，後來轉意為大荒漠。阿特拉斯山隔開了撒哈拉沙漠，山以北一變而為地中海盎綠、明朗的景觀。

撒哈拉沙漠是世界上最有個性的地方。自古以來，撒哈拉，這個孤寂的大自然，便拒絕人們生存於其中。風聲、沙動，支配著這個壯觀的世界，風的侵蝕，沙粒的堆積，造成了這個極乾燥的地表。但只要有人的地方，就有說不出的生氣和趣味。遊牧民族的男子纏頭巾，著白袍，女子纏身布或者穿色彩絢麗的大花裙子，這就是典型的沙漠逐水草而居的遊牧民族的打扮。沙漠民族的艱辛生活，將這個無生氣的沙漠，點綴了一些熱鬧。

有人說，去了撒哈拉沙漠你才能愛上這個世界，也同樣的愛上撒哈拉沙漠。在那裡體驗到生和死的選擇，才知道綠色的珍貴，就好像從來沒有來過這個世界。撒哈拉沙漠有氣象萬千的金色波濤，沙是那樣的細膩、明亮，在太陽的照射下五顏六色。它是流動的，像金色的海洋，閃動無限的光芒。

撒哈拉沙漠給人神秘的神奇，走在沙漠，下一分鐘也許我們就會遇到來自另一個星球的小王子。誰知道下一秒在撒哈拉會發生什麼呢？當地沉積的大量沙土，被風吹刮，細的塵土被吹走，沙子留下來，再加上風沙中挾帶的沙子，帶到這裡來沉積，這樣使地面上的沙子越積越多，便形成沙海——一望無際的沙漠。在浩瀚的沙漠裡，也有人間天堂——綠洲。綠洲是地下水初露或溪流灌注的地方。這裡管道縱橫，流水淙淙，林木蒼鬱，景色旖旎，從高空鳥瞰，猶如沙海中

對沙漠旅人來說，駱駝是他們唯一的伴侶。
Frans Lemmens／攝影

的綠色島嶼。

無際的黃沙上有寂寞的大風嗚咽吹過，天是高的，地是沉厚雄壯而安靜的。就是風——這個大自然的「雕琢藝術家」，成就了造型精美的景象——「風雕」。否則又有誰有這「鬼斧神工」的技能，將堅硬的岩石雕琢成這一千姿百態的奇異景象的呢？磨蝕隨著風力的大小，風向的轉換，像能工巧匠一樣，不斷地變換它的雕琢手法和雕刻力度，使各種造型更加精奇多姿，瑰麗壯觀。

撒哈拉是殘酷的，時常會收起它的脈脈溫情。沙漠中風暴驟起，黃沙彌漫，流沙滾滾，沙丘順風移動，吞沒大片沃土、牧場，掩埋許多城鎮、村莊，阻塞道路交通。沙暴把大量的沙子捲到大西洋沉積，造成面積達六萬平方公里的「海底撒哈拉」。

或許是因爲三毛的《撒哈拉的故事》使你嚮往愛情，她描寫生動的撒哈拉沙漠成爲了人們心中一道永遠的風景，人們尤其相信撒哈拉沙漠的愛情。相信撒哈拉沙漠的愛情不如說更相信可以禁得起考驗的愛情，是的，又有什麼比沙漠更能考驗人的呢？到撒哈拉尋找自己的「荷西」，這種想法爲撒哈拉帶來了無比溫柔、浪漫與甜蜜。

黃昏，眼前是一望無際的沙漠，抬頭是藍得沒有一絲雜色的遼闊天空，和金黃色的沙漠在遠方合成一線，大地是一片詩意的蒼涼。

漫漫黃沙，無邊無際，讓人類在大自然面前感到渺小。
Don & Pat Valenti／攝影

眾神的傑作、自然的寵兒

峇里島

Bali

● 所在位置：
位於印尼爪哇東南方印度洋上的一座島嶼。

● 地理特色：
有活火山、火山湖、熱帶雨林、河流以及綿長的海岸線。

● 觀光景點：
南部庫塔和金巴蘭的迷人海灘以及中部烏布的山城風景或阿貢活火山健行；另外寺廟的祭典習俗和傳統的巴龍舞都是不錯的人文之旅。

● 獨特風采：
峇里島的傳統手工藝非常精細，不管是木雕、銀飾、石雕都有自己的特色風采。

● 交通建議：
住宿點附近通常駐紮旅遊諮詢中心，在此也提供小巴士的載客服務。不過建議要先談好價錢，以免有所爭執。

● 網站：
http://www.balivillas.com.tw/diary.htm
小婦人的巴里島生活週記。

←峇里島是一個度假天堂，自然風光優美、空氣濕潤而清新。海面上泛起的小舟能帶給人們最古老的浪漫。Bruno Barbier／攝影

↓峇里島位於南緯8度，悠遠，才是它最迷人的氣質。Angelo Cavalli／攝影

有人稱它為世界之最，人間天堂，最後的樂園。在這座孤立的小島上，發展出一種獨特的文明，一直延續到現在。

峇里島有碧綠如茵的田園景觀、茂密優雅的椰林、優美的海景、獨樹一幟的風土文化、深具魅力的傳統宗教，是南海樂園、神話藝術之島。

永遠夏天的峇里島，四季總是青青草木，山花爛漫；還有那古韻繚繞的廟宇，宜人愜意的銀色沙灘，景色壯美的海岸峭壁。得天獨厚的自然環境和孕育著高度文明的民俗藝術，使得印尼峇里島成爲南太平洋群島中一顆璀璨奪目的明珠，一個世外桃源般的度假樂園。

巴都爾火山幽幽籠罩在一片霧靄之中，夕陽一點點灑下來細細裁剪峇里島的白天。也許是因爲上天的恩賜使得生存不是一件特別艱難的事情，所以，好像所有熱帶島嶼的人們都有一種悠閒和知足常樂的氣質，峇里島上到處洋溢著輕快歡樂的氣氛。

如同遠離冬日的美人，雖然地處赤道附近，峇里島的空氣卻絲毫不令人覺得燥熱。全島漫長的海岸線讓峇里島擁有了無與倫比的白色沙灘和賞心悅目的椰樹林，海水清澈，海浪平靜，日出美麗。南太平洋的清涼空氣給了它最適宜的溫度，陽光、沙灘、海浪、奇特的民俗風情……，椰風海韻的誘惑，滿目綠色的熱帶雨林和穿插其間散發出陣陣稻香的梯田，道路兩旁的樹叢和四季盛開的野花，讓人彷彿在畫中行走。

島上約兩萬座星羅棋佈的廟宇以及被當地人視作「神的住地」的火山，爲這個碧海藍天、花紅草綠的「桃花源」增添了一絲神秘而古老的氣息。

峇里島在吸收外來文化的同時，也保持著自己獨特的文化。峇里島上約兩萬座星羅棋佈的廟宇為這個迷人的小島增添了一絲神秘而古老的氣息。
Yvette Cardozo／攝影

峇里島是美麗的天堂，而且它的美麗永不褪色。白的、黃的、棕的、黑的，各色人種都在熱烈的陽光下享受峇里島的芬芳與浪漫。坐在沙灘上，聽著海浪，吃著美味的燒烤海鮮，簡直是大自然的燭光晚餐！美不勝收的自然風光，濃厚純樸的文化氣息，讓人時刻陶醉於夢幻之中。甚至只需靜靜地坐著，呼吸一下新鮮空氣，或是嘗嘗印尼特有的水果和食物，都能體會到一種輕鬆和愜意。

↑碧空，長長的海岸，無處不在的蓬勃的綠意， 讓人覺得遠離擾攘的塵世，彷彿走進了安靜而聖潔的天堂。
John Callahan／攝影

←峇里島的婦女們頭頂著一筐筐物品在道路上行走自如，那些裹在豔麗的沙龍布下婀娜的身段，和五顏六色的熱帶水果，一起勾住了旅人的目光。
Eric Meola／攝影

火山口裡的動物樂園

恩格龍格魯火山口

Ngorongoro Conservation

● 所在位置：

位於東非坦尚尼亞。

● 地理特色：

直徑16公里，海拔1600公尺，面積260公里，深600公尺的火山口。

● 觀光景點：

體會住在兩千公尺的火山口附近的荒野記趣，順便可以欣賞散佈25000頭大型動物的數大之美，像是角馬、斑馬、獅子、大象、水牛和紅鶴。

● 獨特風采：

非洲僅存數量很少的黑犀牛通常在夏天可發現些許蹤跡；而紅鶴會在每年6月從遠方飛到馬加地湖來度過夏天。

● 交通建議：

從首都莎蘭港搭機飛到阿魯夏，需要花費六小時的車程才能抵達恩格龍格魯火山口。

● 網站：

http://wildnature.go2c.info/index.htm

這個網站教你如何欣賞東非野生動物的美。

恩格龍格魯火山口是世界上最完美的火山口，它是野生動物的天堂。Bob Burch／攝影

時間的車輪滾滾前行，捲入其中的是世間所有的生靈。當人類自以為將這個世界踩在腳下的時候，恩格龍格魯火山口的千萬種動物並沒有停止他們歡快的吟唱、悠閒的腳步。

地殼上如沒有薄弱點就不會出現火山，就如同萬物因爲缺陷才會成就另一種美一樣。恩格龍格魯火山口的中央有一個小湖，周圍散佈著叢林和草地。一群飛奔的羚羊突然躥出來，後面或許就能看到有一隻獵豹正緊緊地追趕著；在草地上，有一群低著頭吃草的野牛，牠們是那樣地悠閒自在；抬頭吃樹葉的是那些長頸鹿，牠們邁著紳士般的步伐，邊散步邊覓食；長鼻子大象也在草原上慢吞吞地行走，甩動著鼻子，趕走身上那些熱帶草原上討人厭的蒼蠅，穿著「海魂衫」的斑馬喜歡躲在草叢裡；孤獨的犀牛喜歡獨處。眞是一個天然的動物樂園！

或許是這個世界上的缺憾太多，也或許是世人眞的很清閒，即使是火山口，也依然可以讓人們去品評。恩格龍格魯火山口被認爲是世界上最完整的火山口，沿火山口外緣爲環形，有六座海拔三千公尺以上的山峰拔地而起，高聳入雲。即使整日熱氣騰騰，煙霧繚繞，也難以掩映其雄偉的身姿。

這個世界終歸是對立統一的，印象中烈焰與熔岩奔流的火山，如今安靜的恩格龍格魯火山口卻與風光綺麗緊密相連。恩格龍格魯火山口國家公園，巨大的盆口內有草場和湖泊，生存著多種多樣的野生動物，站在林木蒼翠、濃葉蔽日的盆沿上觀看這「世界第八大奇跡」：恩格龍格魯火山口內的動物，從最小的羚羊到犀牛、獅子、大象，種類繁多，數量驚人，火山口也因此名揚天下。每當春天來臨，準備一年一度遷徙的火烈鳥成千累萬地雲集在火山口湖，宛如一層粉紅色薄

紗鋪撒在湖面上，美麗異常。火山口內的花卉繁複，百合花、菖蘭花、矮牽牛、雛菊、羽扁豆、三葉草競相開放，萬紫千紅，使火山口景色迷人。每年五、六月間，龐大的斑馬群和花斑牛羚群聚集在塞倫蓋蒂高原，六、七匹一排橫立，準備開始向西遷徙旅行的五百公里。恩格龍格魯自然保護區的這一壯觀景象舉世罕見。

生命的本身就是一個奇跡，來到這個世界純屬一種偶然。站在這裡，這個世界的一角，在你的腳下，大地曾經震顫，這裡曾經爲它而改變，你有何感想？你難道不感嘆於自然造物的傑作？站在這裡，看那些或大或小、或成群或孤獨的動物們漫步、嬉戲，誰是這自然的主人定會了然於心。

↑上圖：最近距離地接近動物，在恩格龍格魯火山口，一切都有可能。Nicholas Parfitt／攝影

↖中圖：黑犀牛是火山口的瀕危動物，自然資源保護主義者正在不顧一切的保護最後的黑犀牛。Nicholas Parfitt／攝影

美麗組成的誘惑

北海道

Hokkaido

● 所在位置：

位於日本北方，緯度最高的列島，與本州隔著津輕海峽。

● 地理特色：

大雪山火山群分佈島上，因為長期以來火山活躍，所以溫泉很知名。

● 觀光景點：

有「日本普羅旺斯」美名的富良野夏季盛開美麗花卉，札幌充滿大正時代的舊時代文物風情，尤其是1878年美國製造的古老計時鐘。另外，小樽運河旁瀰漫歐式浪漫建築風格。

● 獨特風采：

北海道從一月到十二月有各種祭典，包含花祭、雪祭和冰祭等儀式。

● 交通建議：

在北海道活動都有方便的交通運輸像是地鐵、小火車和地面電車。

● 網站：

http://www.erick.idv.tw/all/all.html

這個網站會讓你立刻愛上北海道的風景和人文。

在北海道，穿梭於花海之中，感受大自然最初的悸動。Toyohiro Yamada／攝影

心是一缽青藤，被置於歲月的牆角，執著的攀緣在蒼古的垣墉上。這寂寞的逾越，使它黃過綠過，所以，散落一地的落葉。跟著走來走去的風旋舞起來，數點著過往的爛漫。北海道陣陣清爽的薰衣草香吹過，心情也隨著豐富起來。

在日本人的心目中，北海道是一個看得見地平線的、自然、樸實、美麗而寒冷的地方，也是最能找到回歸感和親切感的地方之一：一片靜謐的水面，水退去處的綠色淺灘上，一層一層開滿了各種美麗的小花，豔豔的紅色、高貴的紫色、鮮嫩的黃色，當然還有青青的綠色，沒有人工雕琢，卻自然連成彩色線條，和諧、優美、令人遐想和嚮往。

北海道是大自然的縮寫，遼闊的大地、一望無際的大草原、肥美的牧草、乾淨的空氣和水源。吃北海道的食品，意味著安全、無污染和健康。北海道的形狀就像一個去了腿的帝王蟹，是日本四大島嶼中最北的一個。或許人們對日本電影《幸福的黃手帕》那個冰天雪地的北海道印象深刻，甚至認定北海道就是那個樣子的。其實，北海道一年四季都有它不同尋常的景觀，那裡一年四季清爽舒適。春天花草萌芽；夏天沒有梅雨時節，花木繁茂；秋天紅葉美麗；冬天是銀白色的冰雪大地。

北海道的春天雖然來得比較晚，但是寬闊原野的大片花海卻是日本少見的美景，除了春天的櫻花外，從春天到秋天都有花兒可供欣賞。廣闊的牧野草原，鈴蘭如彎弓般的細莖上長滿了小小的白色花兒，宛如一顆顆可愛的鈴鐺，在平取町中可以看到隨處搖曳的野生鈴蘭。

頗具北歐風情的札幌夏季最大的特色是美麗的紫丁香花，到處都是，這種絢

←北海道擁有大片靜謐的雪國風光，但不會特別冷，
給人風柔雪軟心暖的感覺。Dave Bartruff／攝影

麗多彩的自然風光一直會延續到雪季臨近之時。北海道夏季的綠色讓人著迷，滿眼望去，是止不住的綠色。田地是方方正正的、森林是密密叢叢的，汽車沿著高速公路行駛，樹林沿著道路伸展蔓延，總之，眼前除了綠色還是綠色。

來自天堂的音樂從一個小玻璃製的音樂盒裡傳出來，令人對這個城市——小樽，北海道一個以製造玻璃器皿聞名的小鎮——刮目相看。小樽有一條運河，運河旁有全鎮最美的建築物和許多古雅的路燈，使整個小鎮充滿浪漫的情調。

冬天的北海道很有歐洲的感覺。然而有雪，卻沒有凜冽的風，又是勝過歐洲的一種意境。北海道的冬季是一片白色的雪世界，風是柔柔的，雪是軟軟的，心是暖暖的，眞是樂趣無窮。泡在露天溫泉中，頭上飄著雪花，忘卻人間煩惱，充分放鬆身心，人與自然融爲一體，盡心盡意地詮釋著生命存在的眞諦。不禁又想起《情書》中的女主角中山美穗在冰天雪地中眺望遠方的山巒，既淒美又浪漫的情景。

姿態優美的駒山因其舒緩的輪廓被比喻爲小馬駒，湖畔的景色讓人對北海道美麗的大自然深深感嘆。目睹船在千里冰封中穿行，耳聽船體衝擊流冰的聲音，流冰相互摩擦的「吱吱」聲和相互碰撞的「轟轟」聲，其美麗、雄偉和驚險眞是難以言表。這時候驟然發現北海道的美是不經修飾，赤裸裸地呈現在眼前的。北海道由許許多多的美麗拼組成，少看一樣都是遺憾。

歲月裡滿注著生命，時間的年輪不停的滾軋。一萬年分割開來，是每一天。當眞遮住雙眼懵然行走麼？堅韌的青藤牽引我們回歸自然，在這最後的伊甸園裡徜徉。

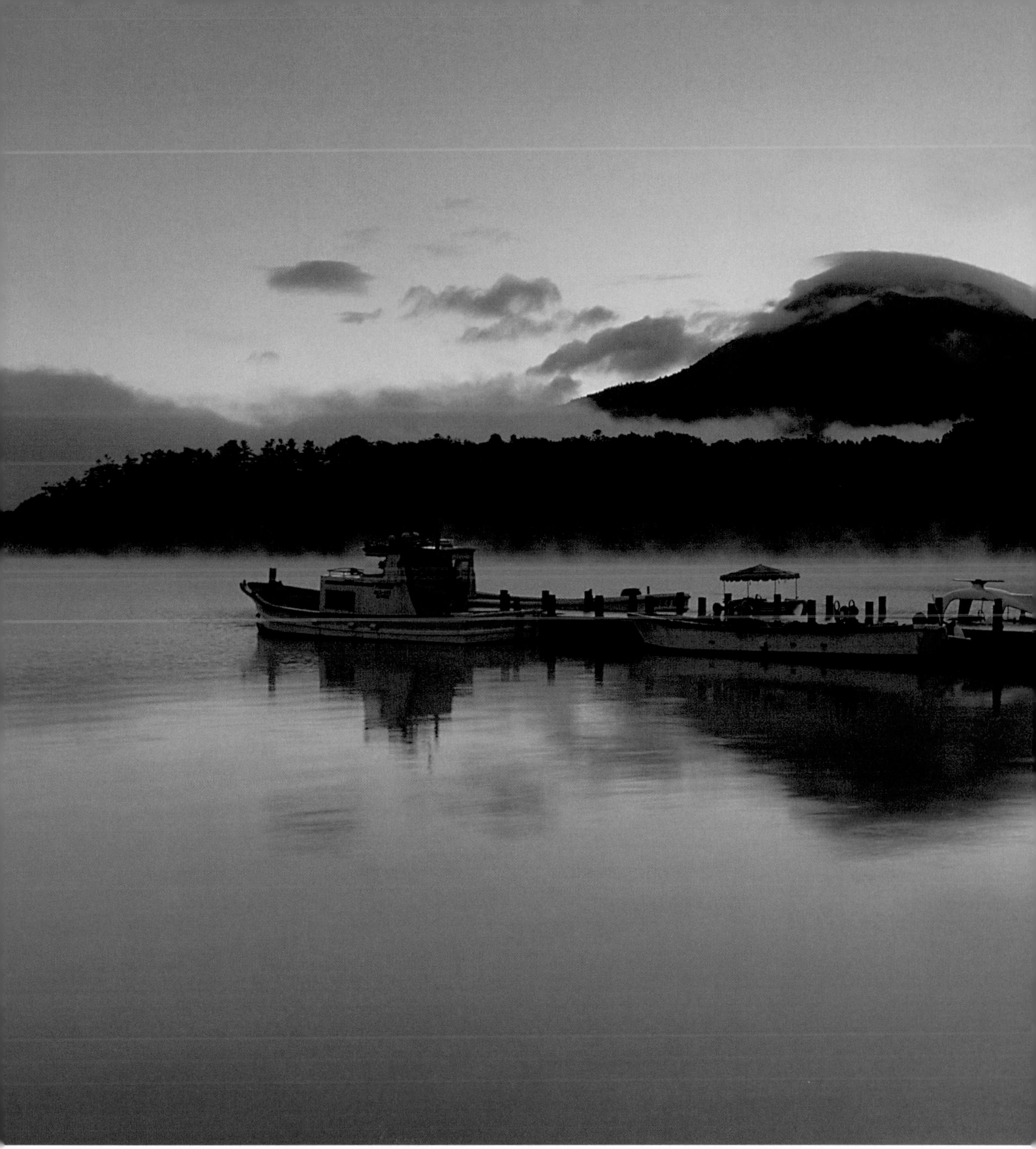

北海道是一個充滿異國風情的地方，這裡的湖光山色美得讓人心碎，更讓人流連忘返。
Walter Bibikow／攝影

人間伊甸園

3 聆聽天堂的私語

If Paradise could Whisper

太平洋上的明珠 *Hawaii*
夏威夷

● 地理位置：

位於美國的西南方，太平洋上的一個群島，也是美國第五十個洲。

● 地理特色：

由8個大島和124個小島組成由南到北的火山群島。

● 觀光景點：

蜜月之島的夏威夷具有充足的觀光資源，可以賞鯨乘帆破浪或是參加浮潛欣賞珊瑚礁之美。另有參加雨林的健行活動，一邊可以領略豐富動植物生態，亦可搭直升機欣賞火山景觀。

● 獨特風采：

大島東南端的火山國家公園內有奇特的火山景觀，像是火山噴發岩漿和熔岩等地形令人嘖嘖稱奇！最聞名的莫過於有四百年歷史的瑟斯東熔岩溝。

● 網址：

http://www.gohawaii.com/

除了草裙舞，這個網站還有更多夏威夷之美。

高大的椰林，寧靜的海灣，都沐浴在夕陽的餘暉中，夏威夷也有著靜如處子的一面。

尋求夢中樂園的英勇航行者，在哥倫布以前一千年，依靠太陽和星星、氣流、水流和上帝的聲音來導航，穿越千萬海哩的路程，發現了一個與衆不同的地方：一座從蔚藍的海上升起的宛如明珠般的古老島嶼。他們終於找到了自己的夢想，並稱之為夏威夷。

提起夏威夷群島，立刻想到幾塊翠綠色的土地被寶藍色的海水包圍著，景色好得讓人忘卻了世界的存在。想像一下平靜的海水，湛藍的天空，新鮮的空氣，純淨的快樂，舒服的陽光，無處不在的浪漫，這裡，就是夏威夷。

夏威夷群島位於海天一色、浩瀚無際的中太平洋北部，俯瞰夏威夷就像一串光彩奪目的珠鏈在白雲悠悠、海水深碧的茫茫大洋上熠熠生輝。無怪乎著名作家馬克・吐溫盛讚夏威夷是「大洋中最美的島嶼」，是「停泊在海洋中最可愛的島嶼艦隊」。

夏威夷群島是由八個大島和一百多個小島集合而成，其中有六個主要的觀光島嶼，個個都是碧水白沙，衝浪、風帆、潛水運動的人間天堂。六座島嶼，六種

潺潺的泉水從小島上流下，最終匯入大海。它們滋潤了島上翠綠的植被，也養育了世代的夏威夷人。
David Olsen／攝影

體驗。歐胡島結合自然與現代都會氣息，各種娛樂設施齊全。茂宜島充滿夢幻，賞鯨、打高爾夫都適宜。翡翠綠的可愛島猶如世外桃源，是結婚、度蜜月的好地方。最大的夏威夷島可從事豐富的探險活動。莫洛凱島最具有夏威夷特色。拉納島寧靜浪漫。

夏威夷風光明媚，海灘迷人，日月星雲變幻出五彩風光：晴空下，美麗的威爾基海灘，陽傘如花；晚霞中，岸邊蕉林椰樹爲情侶們輕吟低唱；月光下，波利尼西亞人在草席上載歌載舞。夏威夷的花之音，海之韻，爲人們奏出一支優美的浪漫曲。當然，還有讓世人難忘的珍珠港……。

夏威夷的字典沒有「浪漫」這個字眼，因爲夏威夷不需要製造浪漫，夏威夷的空氣中處處都彌漫著「浪漫」。夏威夷四季如春，雨量豐沛，陽光充足，空氣清新，林木茂盛，各種熱帶植物爭奇鬥豔，是大自然最美和最浪漫的結合。蔚藍的海、乾爽宜人的氣候、潔淨的沙灘、豐富的水上活動、林立的高級度假飯店，再加上當地音樂及舞蹈，自然而然散發出悠閒、浪漫情懷。

海水是鹹的，愛情的味道卻香甜甘美。有「愛之島嶼」之稱的夏威夷大島的夜空非常美麗。一輪巨大的圓月掛在山坡上，到山頂上數星星是戀人們的最愛。夏威夷一年四季的氣候都在廿六度之上，空氣濕潤，島上的每一個地方都異常乾淨。夏威夷的每一棵棕櫚樹下，都存在著浪漫。

檀香山有著世界最著名的Waikiki海灘，海灘上種滿了棕櫚樹，遠處可以看到美麗的鑽石山。鑽石山是一個火山，據說第一個發現夏威夷群島的英國人庫克船長，在夜晚看到整個山頭冒出藍光，像藍寶石一樣閃閃發光，就把它稱作鑽石

↖草裙舞是夏威夷人的一種民族舞蹈，面向大海跳起草裙舞也許是表達了夏威夷人對大海的一種依戀。Ron Dahlquist／攝影

←夏威夷的島嶼就像篩檢程式一樣，雨水大概經過20年的時間，經過島嶼慢慢流入天然的積存地。Walter Bibikow ／攝影

山，是歐胡島的一個明顯標誌。Waikiki海灘上，陽光明快地照耀著沙灘上的俊男美女，天空蔚藍純淨，白雲悠悠滑過。比天空更藍更純淨的大海溫和地敞開胸懷，寬容，大度，慈祥，包容萬物而浸潤萬物。

世界上很難找到像夏威夷這樣一個令人身心完全放鬆的熱帶環境。蜿蜒的海岸在鳳梨樹、棕櫚樹的點綴下依偎著崎嶇翠綠的山路。傍晚，溫暖的海面映射著絢爛的夕陽，散佈在岸邊的五彩陽傘下面飄散出異國美酒的醇香。

一幅充滿詩意的美麗畫卷

美國中部大草原

Grand Plain

● 所在位置：

位於洛磯山和大西洋間的平坦地區。

● 地理特色：

地勢低平加上土壤肥沃，非常適合種植，是美國最重要的農業區。

● 觀光景點：

堪薩斯州是西部大草原最有名的州，蘊含農業和畜牧的傳統產業，保留中西部人民的溫和友善還有悠久的歷史建築可以參觀。

● 獨特風采：

中部大草原雖然保有肥沃的土壤，雖然生產大量小麥和提供大宗牛肉，農業人口卻不到50萬，是世界上人口密度最稀少的農業區。

● 網址：

http://www.kansasband.com/

堪薩斯州的官方旅遊網。

大草原極為遼闊，縱目遠眺，天地交接，猶如一線。Allen Russell／攝影

「高高的洛磯山，無邊的大草原。莽莽蒼蒼的綠色原野，曾是我們祖先的家園。」這是一首古老的印第安民歌，從縱貫美國西部的洛磯山脈以東，遼闊的草原綿亙千里。遍佈原野的青草，養育著衆多的動物。大草原一歲一枯榮，衆多的生物在這裡互相競爭又互相依賴，共同維繫著草原的活力與豐饒。

不曾到過草原，就難以想像草原的廣闊，連綿數千公里的美國大草原在科羅拉多州被中部的洛磯山所阻遏。從草原望去，不論綿延的遠山、清澈的藍天，甚至山坡上彷彿觸手可及的白雲，都十分壯麗。在終年積雪的山脈的俯瞰之下，州府丹佛顯得格外潔淨端莊。

有不少人說過，大草原會把遠來者的魂勾住，那麼牢牢勾住人們魂魄的是什麼呢？是藍天白雲下草叢中突然躥出驚慌失措地朝遠處飛奔的野兔，是藍天綠野間一片片白色的羊群，是草原上的人們平和安然地順應自然與自然合一的態度，是用粉紅色的小舌頭舔著草葉草梗上滲出嫩汁的三、四個月大的小羊羔，是疲倦地躺臥在小溪邊站不起來可憐得讓人流淚的老母牛，還是那群在湖面游來游去的天鵝……，大概很難說清。生命那麼生動地抖動著，跳躍著，眞是一片和平的淨地！這種感覺，是一種「淳樸、輕鬆、簡單、和諧」，昇華爲一種曠達、包容的草原精神，一種自然和諧的生存狀態。

站在草原上感覺風很強勁，但吹在臉上並無沙塵的侵襲，走在碧綠的草原上，不時可見成群的牛羊。除了一大片的綠色景觀，其間還點綴著黃色的、藍色的、紅色的各種盛開的花，讓人驚喜不已。在這裡，人們所喜歡的逾越節花是隨風舞動的花朵，其瘦果在風中爆破而散佈絨毛狀種子時，尾部延展甚長。這毛狀

天高地闊的草原最具詩情畫意，獨處原上，靜聽風從耳邊吹過，遠望落日留下的餘暉，不知不覺，整個人就與大自然融為了一體。Allen Russell／攝影

↑美麗的草原啊，就是我們的家。在陽光明媚的假日，全家坐上馬車，到遠處享受一頓美味的草原午餐，是很多草原家庭的選擇。Kindra Clineff／攝影

↓收割後的牧草被打成蛋糕卷的形狀，散落在大草原上。Charles Shoffner／攝影

物飄過美國中西部大草原的景象，爲其帶來另一別名「大草原之煙」。此花的一般名稱更深入地展現此種特質，其先存的恩典，使它與復活節與逾越節相連結，喚起基督教與猶太教信仰中關於超越束縛、死亡以及受釋放進入自由與嶄新生命的意涵。

一望無際的大草原，讓人覺得天空好大。沿著SR61道路南下，中西部特有迷人景色眞的會醉死路人。這條路上的小鎮都很小，但是都很古老及富地方色彩。每戶人家都把自家打扮得漂漂亮亮的，那種放鬆的感覺，沒有身歷其境是很難想像的！再加上壯麗的大河景色，頓時覺得人生眞美麗！這種生活的眞諦，正是今天在摩天大樓那千萬個格子間裡忙忙碌碌、在死灰色的城市鋼筋水泥的叢林中疲憊穿行的人們所朝思暮想、夢寐以求的，因此就更顯得彌足珍貴。

大文豪馬克・吐溫在他的著作《密西西比河上的生命》中描述爲「千島」的地方，就在這草原上，在密西西比河的河畔。在這裡有一個美麗的小城市。河水就在這兒，由西向東流，很奇特！由於逆流水，形成了島嶼以及谷地地形。可以想像得到這兒有多美嗎？在這裡，有美麗的河堤公園，漫步其中，望著大河，心情眞是舒服透了！走在蜿蜒步道中，大口吸著新鮮空氣，有一種莫名的感動之情油然而生。

然而，這只是歐洲人來到這裡以前的大草原風貌，如今這裡早已變成了荒涼冷寂的荒漠，有風的時候經過這裡，你一定會聽到大自然那嗚咽的悲歌，遼闊的大草原捲起不息的心靈的濤聲。在地球四十六億年的生命之中，人類的出現是最近的一剎那，而現在人類卻要掌控已經存在幾十億年的大自然！「當最後一棵樹枯萎，最後一條魚被捕抓，最後一條河被污染，才會發現錢是不能吃的。」這是美國印地安人十九世紀的警告。看來，美麗的大草原，只能是永遠駐留在人們往日的記憶裡和對未來的希望裡了。

誰也留不住逝去的時光，但誰都可以保留一段最珍貴的記憶。無疑，浩瀚的大草原可以成爲人們生命中最富有色彩最值得懷戀的一段。

「風吹草低見牛羊」，其實，牧馬才是草原真正的主人。牠們縱情馳騁時是那麼英姿颯爽，悠閒吃草時也是那麼飄逸瀟灑。Allen Russell／攝影

↑大草原上有了泉水，就好像天空有了星星，動物有了眼睛，一切都顯得靈動活潑起來。John Warde／攝影

↓美麗的草原必須由美麗的建築來相配，草原上的房子造型各異，但都精緻典雅。Janet Generalli／攝影

激情的海岸 Cape of Good Hope

好望角

● 所在位置：

位於南非開普敦半島十公里處。

● 地理特色：

位於非洲最南端，突出半島西方，海灣險峻滿佈岩礁。

● 觀光景點：

從好望角頂端的燈塔可以俯瞰大西洋和印度洋的美麗景觀，然而阿古拉斯角設有一座百年燈塔。附近還設有動物的自然保護區，如果到開普敦半島可看到桌山。

● 獨特風采：

王家衛電影『春光乍洩』將好望角喻為世界的末端，具體傳達好望角孤立於世界最荒涼一角的寫照。

● 網址：

http://s90.tku.edu.tw/~290260271/t8.htm

關於南非第二大城開普敦的介紹。

←由於好望角是太平洋與印度洋冷暖水流的分界，加上危崖峭壁，所以這裡卷浪飛濺、巨浪滔天，以前被稱為「風暴角」。Stuart Westmorland／攝影

↓好望角是一個突出的小岬角，登上角點，可以遠眺大西洋與印度洋的壯觀景色，一眼看盡兩大洋可能是它最吸引人的地方。Tom Brakefield／攝影

世界五大洲的大小岬角，可謂成百上千，但最知名者，恐怕還屬南非的好望角。它位於非洲西南端，是大西洋和印度洋之間的重要陸地標誌，也是一場海上風暴送給葡萄牙探險家巴塞少繆．迪亞士的意外禮物。

好望角的發現，爲整個人類帶來了驚喜，可以說不僅改變了世界，也改變了非洲。好望角的岩石構造像天工的雕刻，層層頁岩沉積著歲月的故事，只要打開來，這些故事就會如同激蕩的海潮，熱烈地朝我們撲來。那是一種激情的講述，無論你聽得懂還是聽不懂，如同你在傾聽一曲激越的交響，只要你能夠沉醉其間，你便會受到眞正的感染。

頑強的迪亞士不期然地揭開了好望角神秘的面紗，他的名字也永遠與好望角連在一起。但他終究沒有想到，作爲「好望角之父」的自己在此地走完了人生旅程，好望角成了他的絕望之角，葬身之所。如今，好望角成爲世界海運要道。由於地理位置特殊，好望角海域幾乎終年大風大浪，遇難海船難以計數，以致有「好望角，好望不好過」的說法。

好望角所在地叫開普敦半島，半島的頂端是矗立著一座白色燈塔的海角點，被人稱爲「繞開死神的航標」。從那裡回首向右望去，可見一個伸入兩大洋中、如同巨大鱷魚爪般的海角，那才是眞正的好望角。從海角點沿一條小路蜿蜒而下，一路上領略著墨綠色的奔濤托起白色的浪花，輪番拍打著岸邊嶙峋的亂石，群群海鳥追逐著浪尖俯仰嬉戲。

有人說，好望角航線是西方國家的一條海上生命線。遠遠地可以看到巨輪正在通過。是啊，曾經在西方人眼裡遍地黃金的東方大地，怎會不令人心潮澎湃、前仆後繼地趕場呢！

佇立在好望角，沐浴在海內陽光之中，眼前是雄偉的岬角、無垠的海面，耳際是洶湧的濤聲、海鳥的長鳴，撲鼻而來的是清爽的空氣、不時夾帶著海腥味。

青山爲鄰，飛鳥爲伴，黃昏夕陽把好望角裝點成金黃琉璃世界。雨天時燭光流曳山嵐煙霧飄渺，彷彿人間仙境。浪漫景致抖落滿身風塵，似退隱山林的豪邁，眞是好山——好水——好望角。

↑壯觀的桌山以山頂平整如桌而聞名，它與好望角同為開普敦的兩大勝景。在大洋中航行的水手望見了桌山，就如望見了福地。Walter Bibikow／攝影

↓好望角的礁石經年累月地承受著海浪的拍打，一直屹立如故。它們一靜一動，帶給前來參觀的遊人生命的啓示。Donald Higgs ／攝影

遠離塵囂的一隅 塞席爾

Seychelles

● 所在位置：

東非外海的國家，位於印度洋上。

● 地理特色：

由115個島嶼組成，處於歐亞非交會要衝。

● 觀光景點：

典型的熱帶觀光天堂，除了椰林樹影和潔白海灘，另有多種鳥類和九百種深海魚群有鯨鯊和海龜來此地棲息，可供遊客靜下心來觀賞印度洋的生態。

● 獨特風采：

新聞報導指出國土面積只有455平方公里，卻擁有世界排名第二塞席爾北島飯店和第三貴的佛雷格特島上的私人高級別墅，頂級花費每晚15000美元。

● 網址：

http://www.sey.net/

遊遍塞席爾各小島的旅遊網站。

從飛機上俯瞰，塞席爾就像印度洋中的一顆明珠。Michael Melford／攝影

在遙遠的印度洋上，有一個遠離大陸，獨處一隅的群島。很多人給了它很多美麗的名字，它是淨土，是樂園，是人間天堂，是世外桃源，是印度洋上的明珠。這是因為塞席爾擁有了一個美麗的海島國家應該具有的一切：藍天、碧水、陽光、沙灘、海風……甚至更多。

踏上塞席爾的土地，迎客的是梔子花的香味，猶如清晨的波濤，好似日出前的涼風，從四面八方向人們襲來。在島上待得久了，就會發現，這種天然的植物香味無處不在，使得呼吸這件最簡單的事情在島上變得無比愉悅。

如此世外桃源的淨土，實在是目前動盪不安人心惶惶的最理想逃亡地。藍天，白雲，金黃色的沙灘，翠綠的叢林和透澈見底的海水，幾乎都是純潔的色彩，連空氣都有熱帶雨林的味道，不帶絲毫的雜質，聞起來覺得心清氣爽。難怪塞席爾與馬爾地夫，以及毛里求斯同被列爲印度洋上的三大明珠，被認爲是當今世上最純淨的地方，也難怪人們都說塞席爾是充滿顏色的！

塞席爾有一種不經意的迷人元素，一種很原始的吸引力。一路上翠綠的山林和沿海的小路，有點像電影《侏羅紀公園》裡看到的原始景色。偶爾會經過一些小漁村，一路上沒有太多車子，所以，當有車經過時，島上居民都會轉頭看，流露的不是沒有見過世面的那種熱情或好奇，而是一種相當有氣質的「歡迎」。所以有人說塞席爾的島民是最高貴、最有氣質的。

在塞席爾，最大的幸福就是什麼都不必做，不看電視，不看報紙，不用電腦，連EMS都不一定收到。塞席爾面臨印度洋壯麗的景色，有的是粉末沙灘、搖曳棕櫚樹以及鬱蔥的熱帶森林，讓人猶如置身天堂的感覺。能盡情體驗富塞席爾風格的典型浪漫氣息、活力以及銷魂的異國情調。除了享受這裡，其他的事情在這裡都顯得

塞席爾的生活是悠閒的，隨意的，到海邊釣魚是打發時間的好辦法。Michael Melford／攝影

塞席爾有著豐富的色彩，碧綠的樹葉，鮮豔的花朵，一派旖旎的熱帶風光。Angelo Cavalli／攝影

←←塞席爾的林間小屋，寧靜清幽。Sergio Pitamitz／攝影

←美麗的熱帶水果，光是那顏色就足以勾起人們的食欲。Kevin O`Hara／攝影

很世俗，只要閉上眼睛，靜靜地躺在沙灘上聽海水湧動的聲音，讓人知道什麼是眞正的「祥和」。

相傳在很久以前，南亞地區馬爾地夫的漁民在海上撿到一種碩大奇特果實的空殼，以爲它們生長在海底，便稱它們爲海椰子。海椰樹一般高五、六公尺，總是一高一低，雌雄異株合抱或並排生長。更有趣的是，如果雌雄中的一株被砍，另一株便會「殉情而死」，故又有「愛情之樹」的美稱。如今塞席爾是世界上唯一保存海椰林的國家，塞席爾的許多島嶼還保持著原始的狀態，成爲珍異動植物的庇護所。

常聽人說，有些沙是粉狀的。在塞席爾，不論是走在或乾或濕的沙灘上，都是一種享受，沙粒的幼細確實相當罕見，因爲是如此之細，完全沒有任何刺痛的感覺。整片沙灘沒有一點垃圾。如果抓幾把沙裝進瓶子後，整個沙瓶幾乎沒有瑕疵，沙粒裡竟然沒有任何不清潔的污垢。怪不得人們都說塞席爾的沙灘是世界上最美麗的沙灘了。

塞席爾原來有個美麗的別稱，叫「燕島」，是世界聞名的觀鳥園和植物觀賞園，到處有種類和大小不一的鳥兒在群山叢林之間飛翔。當你聽到各種不同的蟲鳴鳥叫聲時，你肯定會對那麼多又那麼動聽的大自然協奏曲感到驚訝，因爲這些聲音是很多城市人從來沒有聽過的。

塞席爾的第一大島是馬埃島。馬埃島是這樣一幅景色：奇峰幽谷，巍峨多姿。雲遮霧障的群峰之上，林木扶疏，蔥蘢碧透，千藤萬蔓，鋪天匝地，景色清幽而絢麗。還有遍佈海濱、山坡、高地的一塊塊奇岸異石，有的似睡獅，有的像蒼鷹，有的如奔馬，有的類仙鶴，好一個巧奪天工的天然雕塑場！馬埃島的海灘寬闊而平坦，水清沙白，是進行海水浴、日光浴、風浴和沙浴最理想的地方。潛入美麗的海底，會看到五彩繽紛的珊瑚和五光十色的魚類世界，人們便會有變成一條魚兒遍游海底的渴望。

←塞席爾的沙灘是如此的細膩與清潔，行走在沙灘上，接受柔和的海浪的撫摸，讓人恨不得把時間留住。David Noton／攝影

來自遙遠的文明神話

克里特島

The Kriti

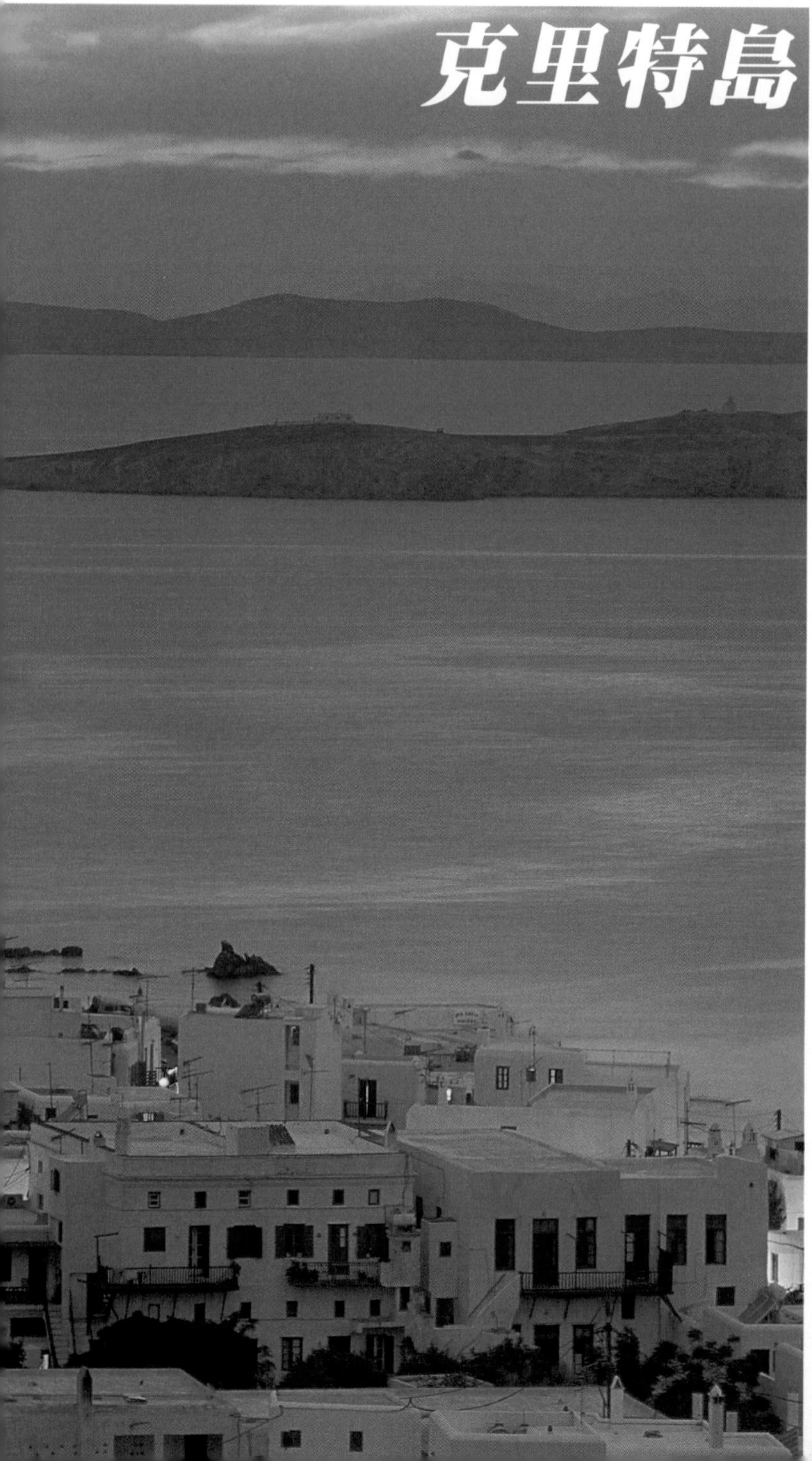

● 地理位置：

屬於希臘，位於愛琴海南端的大島。

● 地理特色：

是希臘三千個島嶼中最大也是最遠的大島，也是地中海第五大島。

● 觀光要點：

伊克拉里翁和哈克爾是著名的兩大城，其中伊克拉里翁藏有邁諾安遺址，像是建於兩千年前的邁錫尼宮殿，以及克諾索斯宮殿，這兩處皆可以瞻仰古希臘文明的興盛衰亡。

● 獨特風采：

傳說此島是天神宙斯的誕生地，也是邁諾安文明的起源地，著名遺蹟為囚禁牛怪的迷宮。

● 網址：

http://tw.epochtimes.com/bt/5/10/28/n1100951.htm

解開邁諾安文明的消失之謎。

吸引人們前來克里特島的不僅僅是蔚藍的海水，它那神秘的傳說、遙遠的神話、希臘文化起源的地位，
使人們對這個古老的小島充滿了嚮往。David Noton／攝影

「在遠處暗藍色的大海上，浮現著一個島嶼，那就是克里特……米諾斯王住在島上的克諾索斯城。」

在歐洲，地中海東部愛琴海上的希臘地區，著名的「克里特島」呈現出「邁諾安文明」，那些保留至今的巨大王宮、形象而生動的壁畫、精美的黃金飾品以及華麗的服飾，震撼著每一個來訪的貴客。在古代希臘最輝煌的時期，比如希波戰爭或者伯羅奔尼薩斯戰爭時期，它基本上處於默默無聞的邊緣地位，人們只知道它屬於希臘文化的範圍，但是那裡沒出過什麼名人，也沒發生過了不起的大事。也就是說，克里特那時候已經衰落得不像樣子。

但是我們有必要知道，希臘神話中的大神宙斯出生在克里特島。這也許具有象徵意義：克里特輝煌過，但是後來大神離開了，或許是因爲這裡是地震的多發地帶，或許是由於異族的入侵，就像它突然出現一樣，克里特文明的消失也很突然。在西元前一四〇〇年，克里特文明突然間消失，至今仍然留給世人一個解不開的謎。所以說米諾斯文明雖然璀璨卻短命。

也許是因爲奧運會上的橄欖葉頭環，也許是因爲「奧林匹克」這一具有魔力的字頭，克里特島在人們心中留下了神秘、久遠而高貴的氣質。在一個甜蜜的時刻，頭上戴著橄欖葉頭環，頭上掛著光閃閃的獎牌，綠油油的橄欖葉頭環如同一個光環，讓運動員的笑靨更爲燦爛。希臘人重現了古奧林匹克的傳統，他們用花卉和綠葉來裝點頒獎儀式，最獨具匠心的就是那精緻的橄欖葉頭環。

生命和水是這個多彩的世界的源頭。從古希臘到今天希臘人和水，和大海始終是一種親緣的關係，所有的文明，所有的文化都孕育在水中，無論是生命的形

深邃的大海和古老的傳說可以見證愛情，讓愛像大海一樣寬廣，像歷史一樣悠長。Ken Ross／攝影

成，還是生活娛樂、愛情，都離不開海洋。古老的克里特島承載的文明和神秘都和海洋有著千絲萬縷的聯繫。

天空中飛舞的愛神，陸地上挺拔的橄欖樹，海洋的波濤，構成了每一幅畫面都是一個傳說，每一幅畫面都流動著藝術和美。克里特島的古文化復活，藝術的希臘人精湛的用一種最直接的方式向世界講述了自己，講述了他們那一個個偉大的傳說，講述了希臘人的藝術美、運動美，令人驚豔，令人欽佩。克里特島的後裔們，在經歷了千百年的文化變異、交融之後，把二〇〇四年奧運會的開幕式推到了一種文化或者說藝術的巔峰，留給世人一段雋永的畫面，一種永遠回味的感動。

文化的懷舊或者說是再現，是一種創造的藝術，希臘人做得幾乎天衣無縫，令人欽佩。

神秘的教堂正和克里特島的氣氛相適宜，高高的十字架飽經了歷史的滄桑，見證著人世間的盛衰榮辱。
Andre Gallant／攝影

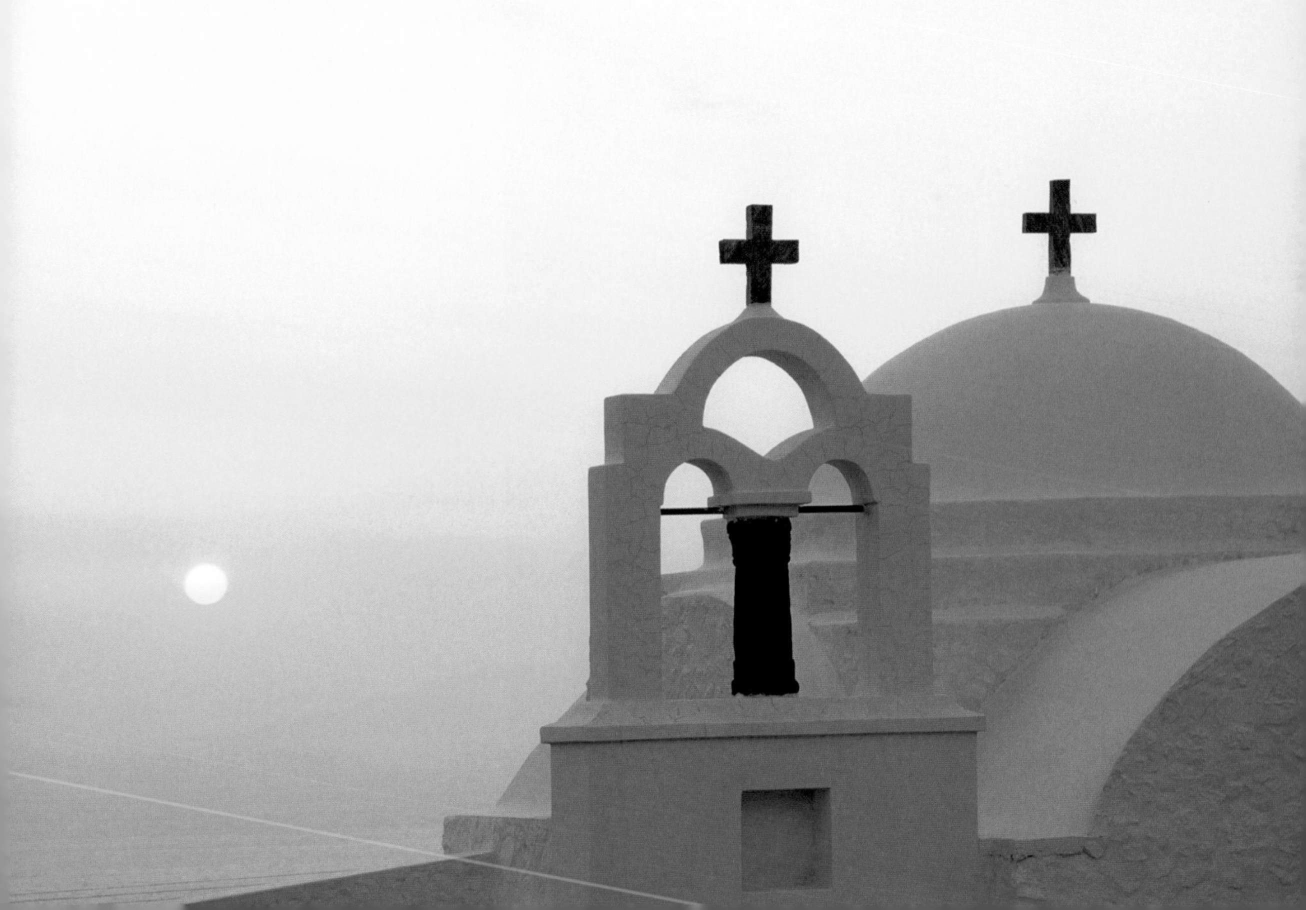

大自然的美麗與哀愁

黃石公園

Yellowstone National Park

● 所在位置：

美國西北部，位於懷俄明州、愛德荷州和蒙大拿州的交會處。

● 地理特色：

佔地約九千平方公里，地形豐富有森林、草原、湖泊和瀑布，並夾雜間歇泉和泥泉等地熱景觀。

● 觀光景點：

最著名莫過於豐富的地熱景觀，其中的「老實間歇泉」每隔75分鐘噴發一次，每次約3到4分鐘；至於「黃石湖」則佔地遼闊，公園內還設有灰熊保育中心。

● 獨特風采：

1872年美國劃地為國家公園，也是世界第一座國家公園。

● 網址：

http://www.home-on-sea.com/Big5/travels/yellowstone.htm

遊黃石公園的特別記事。

黃石公園地貌複雜，它是大自然的鬼斧神工所造出的一座天然的藝術寶庫。Bonnie Lange／攝影

黃石公園既是一種象徵，也是一處聖地。

位於懷俄明州西北角，一越懷俄明州範疇，進入蒙他拿和愛得荷州。黃石公園是世界上第一座國家公園，在許多方面仍然是世界之最，由火與水錘煉而成的大地原始景觀被人們稱爲「地球表面上，集所有奇觀之大成，描述成「已超乎人類藝術所能達到之境界」。黃石公園也是地熱活動的溫床，含有一萬個以上的地熱或熱氣出露點，同時也是僅存兩處灰熊棲息所之一。所有這些特色，加上許多峽谷、峭壁懸崖和大瀑布，使得人們疲憊不堪的眼睛不得不爲之一亮。

黃石公園，浪漫迷人的黃石湖，雄偉秀麗的黃石峽谷，萬馬奔騰的黃石瀑布，神秘靜謐的森林，五彩繽紛的溫泉，屹立湖山之間的釣魚橋，發出隆隆巨聲的火山口等美景分佈在這塊古老火山高原。它更是美國最大的野生動物保護區，清澈的溪流，鱒魚力爭上游，如茵的草原，野牛馴鹿覓食其上，其他如黑熊、棕熊、扁角鹿和各種稀有水鳥亦以此爲家。有人說，在黃石公園欣賞自然景觀之餘，更可以用心去體會黃石公園裡躍動的生命力！

黃石公園是世界上第一個原始公園，更是一個地質公園。它神奇地結合了自然、人類和天地，它的發現和規劃充滿了神奇的色彩。在黃石公園這充滿野獸和野趣的地方，麋鹿、熊、野牛、鮮花爲這座神秘的天地編織成一幅動人的風景，而伴隨著科學家波伊德德深入探索，更解開了人類研究火山爆發之謎……

在七月份時從東口進入，炎炎夏日卻氣候涼爽，更令人驚奇的是冬天的殘雪未融。繼續前行，黃石湖就在眼前。透心涼的湖水清澈見底，伴著遠山的倒影，好不美麗。正午的太陽很烈，湖水湛藍，乾淨透澈。喜歡遠遠的整齊如線的樹，勾勒著湖的邊緣。「走在湖邊，沒什麼驚豔，可誰不喜歡那麼乾淨透澈的水呢？」

↖美麗的黃石湖就像一面鏡子，映入其中的一切無不纖毫畢現。
Eastcott Momatiuk／攝影

←黃石公園地熱資源豐富，隨處可見從地下噴出的熱氣，地熱還造就了五彩繽紛的溫泉。Stephen Simpson／攝影

有人說，黃石之名得自藝術家點。藝術家點的確名不虛傳，該區的岩石有以黃色爲主的各種色彩。而高層瀑布與低層瀑布的曲線，更是美得讓人驚嘆。過了釣魚橋往北行，便到了泥池塘冒著汽泡的泥火山，泥池洞穴裡，還可以聽到龍吼！地熱冒著煙，是很奇特的景觀。看著沸騰不息的溫泉，讓人感受到地球強盛的生命力。你會覺得地殼是這麼的薄，蘊藏在下面的火山彷彿會隨時爆發出來。就好像人們在大海中航行感受到大海的巨大威力一樣，站在火山口上，更能感受大自然無比的偉大。

黃石國家公園似乎永遠會把美麗與哀愁和災難聯繫在一起，因爲在它的下面埋藏著一座世界上極少有的「超級火山」。黃石公園最獨特的美麗是被稱爲世界奇觀的間歇噴泉。最有名的是「忠實」噴泉，它每次噴發時水柱高達五十五公尺！滾燙的熱水遇冷氣後又在空中凝結成白色雲柱，壯觀中還透出一些嫵媚。黃石公園有眾多的色彩斑斕的熱水池，由於池壁、池岸長年累月爲岩泉沖浸而形成一幅幅色彩豐富、動人的天然彩畫，最美麗壯觀的是一處熱泉。這個熱泉流經的乳岩有白、黃、綠、青藍等不同顏色，美豔迷人。它們同樣是地下那位「妖魔」——「超級火山」留給人類的傑作。如果這場火山噴發一旦眞的形成，人類將聽到七萬五千年以來最響亮的聲音！那時，這份「殘酷的美麗」就不僅屬於美國黃石國家公園了，而更像是人類境遇的某種寫照。

黃石國家公園，每天都有數以萬計的遊人來到這裡旅遊觀光。可是，他們誰也不會想到：公園的地下岩漿正在一天比一天激烈地滾動，這浩大的岩漿層簡直就是埋伏在地下的定時炸彈。「黃石公園就像蓋在一個巨大的高壓鍋上、不很結實的鍋蓋。」

一輪明月冉冉升起，銀白的月光瀉滿了大地。天上的星星漸漸隱去，蟲兒也停止了低鳴。好安靜。這種安靜讓人產生一種與世隔絕的感覺，既讓人歡喜，又讓人有點害怕。

↖黃石公園的地熱使河流都冒著熱氣，置身其中，好像進入神仙居住的仙境。Mitch Kezar／攝影

←黃石公園地下活躍的火山運動就像一位偉大的調色師，它在黃色的主色上，添加上白、綠、青等各種顏色的熔岩石，把黃石公園變得五彩繽紛。John Warden／攝影

羅托魯瓦地熱區
Rotorua Thermal Area

● 所在位置：

又名硫磺城，位於紐西蘭北島中部。

● 地理特色：

地熱景觀豐富，有間歇泉、溫泉以及泥漿。

● 觀光景點：

以火山地熱聞名，在此可以泡溫泉，也可以順道欣賞地熱景觀的多變風貌，不可錯過當地原住民毛利人的傳統文化風情。

● 獨特風采：

鄰近的陶波湖是聞名的釣鱒聖地。

● 網址：

http://web1.startravel.com.tw/startr_html/sight.asp?cityid=112

介紹羅托魯瓦的周邊旅遊景點。

羅托魯瓦不僅有地熱，還有美麗的湖泊，在冒著熱氣的湖畔散步，會讓人感受到大自然的勃勃生機。

紐西蘭，這個不缺藍天與綠草的國度，帶給人無比的熱情和生命力。置身於斯，伸手在參天巨杉，就猶如觸摸到原始森林的力量；暢遊於海灣區，時常有海豚跳出海面，穿梭在旁；在人煙罕至的原野上搭起帳篷，更有一種完全深入大自然的感覺。

羅托魯瓦就位於這片淨土紐西蘭的北島中部，是享譽全球的地熱奇觀觀光地，享有溫泉城之美譽。數千年前爆發的一場激烈的火山地震，形成了今日的秀麗風景。這裡有明淨的湖泊，適合各種水上活動，動如激流泛舟，靜如湖上垂釣等。

一到羅托魯瓦，立即會讓人感到這裡別有洞天。到處彌漫著硫磺的氣味，地熱區內滾滾的間歇噴泉不時射向空中，沸騰的跳動著的泥漿池不停地散發著刺鼻氣味，地熱池塘熱氣蒸騰，這一切構成了色彩斑斕的萬花筒般的景色。置身於地熱區內，彷佛騰雲駕霧。其中的華卡雷瓦噴泉，定時噴發，擎天水柱從噴泉傾瀉而出，蔚爲奇觀。乘直升機從空中俯瞰，五大地熱區被一片神秘的霧氣籠罩，讓人不禁感嘆大自然的偉大與神奇造化。

沿途的風光像磁石般吸引著人們的視線，開闊而湛藍的天空爲白雲提供了盡顯身姿的舞台；略帶起伏的丘陵覆蓋著綠色的地毯，平坦而舒暢；成群的牛、羊、鹿、鴕鳥和一些叫不出名字的動物，無不愜意地享用大自然的恩賜。路邊偶爾會冒出幾排色彩豔麗、造型別致的別墅，不禁讓人聯想到《麥迪遜之橋》中詩情畫意的景致，或許在這裡也有著不爲人知的浪漫愛情故事。

如果哪個地方沒有了水，即使景色再美，也失去了靈性。羅托魯瓦湖在羅托

←強勁的地熱噴泉射向空中，帶出的熱氣隨風四散，成為羅托魯瓦的一大奇觀。Steve Vidler／攝影

魯瓦的十三個湖泊中面積最大。湖上風光優美，湖畔有水上飛機和遊船。在湖畔散步，天鵝游蕩其中，頗有一份詩情畫意的韻味。放眼望去，縷縷白色水蒸氣從泉口噴湧而出，直沖雲霄，轉瞬間，化爲朵朵煙雲，襯著四周青翠的松林、原野和蔚藍色的晴空，壯麗無比。

世界上有不少的地方，可能讓「外地人」感到生疏，但絕不會是在紐西蘭。有人說，由於地處世界的邊緣，由於單純富足的生活方式，紐西蘭人可能是世界上最好客的人。那份溫暖和善，不分種族不分地域，成爲紐西蘭人最大的優點之一。羅托魯瓦就能讓人們充分感受到這一點。

羅托魯瓦的溫泉霧氣蒸騰，人也是恍惚的。霧氣彌漫，有點光陰荏苒的味道，它就是你身邊的時光，你能看到而且似乎可以觸碰，卻永遠把握不了。人生短暫，可以在年輕的時候去領略世上這麼多美好的事物，應該感恩。其實人生要的是什麼呢？無非也是這樣一種放鬆的生活，有可親愛的人，有自己的興趣與愛好，有簡單而充盈的生活節奏。

歡樂之地

黃金海岸

Gold coast

● 地理位置：

位於澳洲昆士蘭省，鄰近南太平洋的一段綿長海岸。

● 地理特色：

終年陽光普照，平均年溫20度，呈現一段70公里長的金黃沙灘。

● 觀光景點：

這裡的海洋沙灘是衝浪者的最愛，尤其是衝浪者樂園，人潮不息；附近熱鬧的商業市區有許多美食餐廳以及遊樂園，諸如華納電影世界，提供喜好娛樂和刺激的觀光客一個好去處。

● 獨特風采：

春溪國家公園佔地2954公頃，內有茂盛的熱帶雨林可以遊賞。在夏夜裡溪旁岩洞滿佈螢火蟲，一大片藍光閃閃，十分震撼人心。

● 網址：

http://www.sunzine.com/goldcoast/

詳盡黃金海岸的地理分布和賞玩景點。

黃金海岸舉世聞名，這裡既有絕佳的海邊風光，也有豐富的娛樂設施，還有高檔的購物場所，是一個真正的「人間天堂」。Hideo Kurihara／攝影

如果你對文明的度假方式情有獨鍾，就會愛上黃金海岸給你的五光十色。由南港南下至庫連加塔的海岸線，充斥著豪華旅館、購物中心、餐廳與遊樂場所，使黃金海岸成為澳洲觀光事業的第一把交椅。

在澳大利亞的東部沿海，有一處綿延四十二公里、由數十個美麗沙灘組成的度假勝地，它就是著名的昆士蘭黃金海岸。這裡地處亞熱帶氣候，終年陽光，首尾相接的海灘形成了一條金黃色的玉帶，景觀壯麗。澳洲的黃金海岸不像泰國的普吉島，少了東南亞的撩人嫵媚，多了大洋洲的自然爽朗：即使是在買比薩的時候，也會有小夥子用幾種語言盛讚你的美麗。

黃金海岸絕佳的氣候、多采多姿的活動，令黃金海岸聞名於世。長長的沙灘、熱帶雨林、珊瑚島，數之不盡。在這裡，光與影的奇妙結合，永遠讓人迷戀！

在海邊，很多男女老少爲了感受南半球耀眼的太陽，毫不在乎地展現著自己的肌膚。這時如果你很隨便地打個招呼，就能加入澳大利亞俊男靚女中，成爲他們的一員。試想躺臥於碧波、陽光、世上最美麗的海灘上，會是多麼的愜意?!

黃金海岸所在的昆士蘭是一個繁華的大都市，夜幕下的昆士蘭燈火璀璨，十分迷人。

黃金海岸外表看起來非常大都市：海灘旁觀光飯店林立，觀光農場表演澳洲農莊生活節目；沙灘邊的國際級度假酒店，以美食、醇酒、音樂、舞蹈，再加上金碧輝煌的賭場，上演著一幕幕笙歌達旦的戲碼；沙灘上五顏六色的陽傘，高高架起的排球網，坐在涼椅上或躺在沙灘上曬太陽的人們，將這個每年超過二百萬人拜訪的黃金海岸點綴得熱鬧異常。

其實黃金海岸美得自然天成，有「澳洲的夏威夷」之稱。近郊山脈覆蓋雨林，盛行四輪傳動車雨林探險之旅；綿延四十二公里長的潔白沙灘，與湛藍無垠的藍色海洋間，以一朵朵白色碎花般的浪花相連結；在黃金海岸金色海岸線的後面，著名的辛特蘭彷彿碧綠的天幕，到處是亞熱帶雨林、瀑布、灌木叢小道；黃金海岸西面的山脈，稱為「黃金背後的翠綠」，其中的拉名頓國家公園、斯普林布洛國家公園，以及天波林山，都佈滿了洞穴、峽谷、瀑布、亞熱帶雨林等。

這是城市生活與澳洲沙灘文化奇妙的結合：高樓林立的購物中心，停泊私人遊艇的海景別墅，多文化背景的風味餐廳，夢幻世界遊樂場和電影世界……扣人心弦的主題樂園，世界級的高爾夫球場、極為壯觀的紹斯波特寬水區域和風景秀麗的南斯特拉德布羅克島，就這樣被不著痕跡地組合在一起，一切都那麼協調，那麼自然。

在黃金海岸漫步感覺很好，不論日與夜，周圍都很寧靜。事實上，很多人喜歡在黃金海岸漫步，沙灘上佈滿了大小不同的足跡，沿海岸線伸展，情景挺有趣的。如能與伴侶在此長長的海岸線漫步挺浪漫的，彼此話題談也談不完，隨著海浪聲伴奏，有點漫步人生路的感覺！

→在黃金海岸不僅可以玩海，還有許多熱鬧刺激的主題公園、遊樂場讓人尖叫、發洩和放鬆疲憊的身心。Robin Smith／攝影

←屹立海中的礁石千姿百態，它們默默地迎來、送走每一天的太陽。Jacob Halaska／攝影

絕妙的純淨土地 Queenstown

皇后鎮

● 所在位置：

位於紐西蘭瓦卡蒂普湖北岸，被南阿爾卑斯山環繞。

● 地理特色：

四周有高山峻嶺，還有激流、峽灣和湖泊等地形。

● 觀光景點：

置身恍如天堂的小鎮有各種玩法，從高崖玩高空彈跳或是乘坐噴射快艇穿梭於卡瓦勞河和沙特歐瓦河，當然乘坐古老蒸汽船徜遊瓦卡蒂普湖，更可以體會悠閒的度假心情；另外在熱鬧的莫爾大道逛街另有一番樂趣。

● 獨特風采：

米佛峽灣是受歡迎的景點，可見到瀑布從千尺懸崖直瀉而下的模樣。

● 網址：

http://www.chieftain.idv.tw/archives/2003/10/08/001023

對皇后鎮美麗存有印象的個人部落格。

在皇后鎮這塊純淨的土地上，竟有那麼多愛好驚險刺激運動的人們，或許是這裡太美麗了，在一個美麗的地方進行運動，能得到更大的愉悅。

還記得電影中的那一幕嗎？逃出地底礦區後，魔戒遠征隊懷著悲傷的心情來到精靈王國所在的羅斯洛立安森林，在這兒，美麗的精靈女王告訴弗羅多，他的冒險旅程將會是孤獨的……，精靈王國羅斯洛立安森林、阿蒙漢頂點、迷霧山脈、白色山脈、奧斯吉力亞斯山頂、布魯南渡口……，皆借景皇后鎮。

皇后鎮位於奧塔哥西部卓越山脈的山腳下，依偎著水色深藍的瓦卡蒂普湖。這個美麗小鎮，也是一個依山傍水的美麗城市。皇后鎮的美是完全的，無處不顯現出來。夏季藍天豔陽，秋季爲鮮紅與金黃的葉子染成繽紛多彩的面貌，冬天的氣候清爽晴朗，還有大片覆蓋著白雪的山嶺，而春天又是百花盛開的日子。四季分明，各有著截然不同的面貌。瓦卡蒂普湖是個深而藍的高山湖。壯麗的山脈上幾座覆蓋著白雪的綠棕色山點綴於背景中，從皇后鎮到山頂，則是一片綠油油的色彩。平滑如鏡的湖面上，倒映著翠綠的樹影以及南阿爾卑斯山雄偉的山形，也難怪會獲得「最適合女王居住的地方」的美譽了。

皇后鎮被譽爲「小瑞士」，可見其美，卻有著「冒險之都」之稱。這個美麗祥和的地方之所以有這樣一個名字，都是因爲這裡全年都有驚險刺激的活動。例如：在卡瓦勞河或沙特歐瓦河上乘坐噴射快艇，這種紐西蘭發明的噴射快艇竟能在水面上做令人難以置信的動作。皇后鎮亦是高空彈跳的鼻祖，聲名遠播。皇后鎮也被譽爲紐西蘭的「體育之都」，上山滑雪，下水衝浪，拖降傘，噴氣飛船，激流划艇……，在這裡應有盡有，風靡世界的「笨豬跳」就是最先從這裡興起的。

皇后鎮的人根本不知道他們有多麼幸福。漫山的紅黃綠多色的樹叢在各式洋樓的點綴下如詩如畫，色彩斑斕的山丘懷抱之中的是浩瀚、平靜的瓦卡蒂普湖，

瓦卡蒂普湖的水是那樣的藍，好像天空掉進了湖水中。

湖上帆船點點，天鵝嬉水。皇后鎮富有詩情畫意的自然美景使她成了紐西蘭最美麗的城鎮。來自世界各地的遊客使這個秀麗多姿的小鎮充滿了大都市的喧華。這是多少人嚮往的！

既然不能永久居住，就來度蜜月吧，讓自己的人生有一個美麗的轉折。皇后鎮是紐西蘭最受歡迎的蜜月勝地，是「新婚旅客的樂園」。寂靜的道伯夫峽灣，前一分鐘是碧海藍天，下一分鐘就是神秘朦朧的薄霧彌漫，當你來到道伯夫峽灣感受到的就是其寧靜的景致，唯一的熱鬧來自鳥兒的歌聲、魚兒的跳躍聲及遠處的瀑布聲。在美景之下，心情自然也會格外的舒暢。那潺潺的水聲，似乎是皇后的輕笑與祝福。

沿著瓦卡蒂普湖的湖邊，有許多浪漫的咖啡館。當夕陽西下，盞盞亮起的燈火倒映在盈盈湖水之上，心情不由自主隨著輕輕流洩的音樂翩翩起舞時，你會發現皇后鎮是如此浪漫！新婚的夫婦更是美在心頭，此時，溫柔定是會到極致。

如果你以爲這是皇后鎮最美的姿態，錯了，這只是一個開始，皇后的衣擺而已。越往鎮的深處走，才知道衣擺的刺繡都是爲了襯托皇后驚世的美貌。被白頭的山群擁抱，天空的藍是直透透的，白雲的邊剪得整整齊齊，小鎮是木造的，一切都是夢中的景象。在皇后鎮裡，連空氣都像是濾過的，清新到像造假。人類有詞窮的時候，所有能以言語形容得出的山水風光，不過是次等的容顏；落了形體的任何話語，都無法描繪其萬分之一。在碧水藍天、炊煙鳥語的圍繞下，寂靜卻多變，似幻又若眞。

身體被掏空的部分，卻在心靈補足。在紐西蘭的好山好水當中，讓人覺得自己被洗滌一清。紐西蘭的美景好像神奇的抹布，把積存在心上的灰塵抹得乾乾淨淨。

紐西蘭南島是世界上最亮麗的人間淨地，也是地球上最原始的海角——樂園。皇后鎮是這片淨土上的絕妙之處。對皇后鎮人而言，人生以休閒爲目的，這是什麼樣的生活。不要懷疑！天空太藍、湖泊太美、海洋太過遼闊，若是浪費了這大自然美景，豈不是太可惜了！

皇后鎮的山水是舒緩的、綿長的，它遮罩了大都市的喧囂，讓浮躁的心靈沉靜下來。
Fred Lu man／攝影

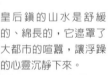

上帝的天堂小鎮 *Tahiti*

● 所在位置：

所在位置：位於南太平洋，也就是處於澳洲和南美間。

● 地理特色：

法屬玻里西亞的領土，五個島中最大的島嶼，由火山岩和珊瑚礁構成。

● 觀光景點：

被喻為蜜月的最佳去處，落日、海灘、美景以及海上的長屋配上湛藍海天令人陶醉，在此也可以玩盡水上活動，也可以參加浮潛。

● 獨特風采：

印象畫家高更用艷麗色彩繪出屬於大溪地專屬玻里西亞的人文風情，藉由畫筆傳達他眷戀大溪地的美和恬靜。

● 網址：

http://www.tahiti-tourisme.com/

大溪地的官方網，依照你的喜愛來決定對此地的愛戀程度。

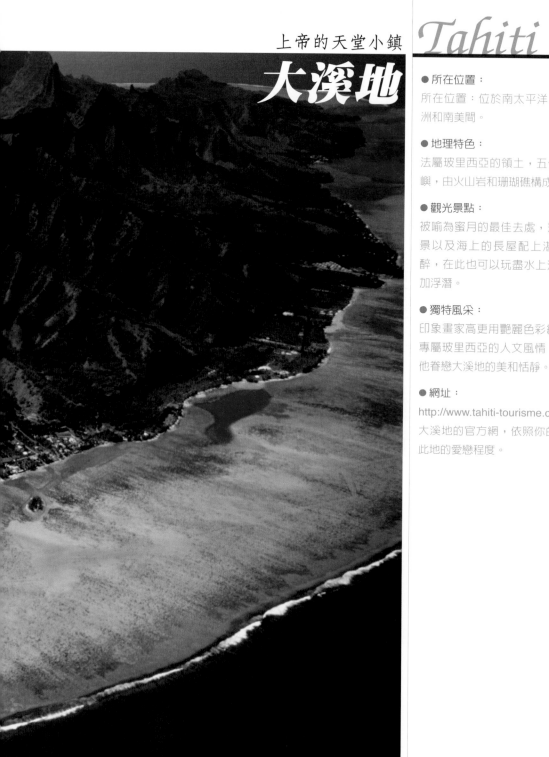

大溪地被南太平洋包圍著，它就像我們從小在故事中聽說的那個遙遠的、藏有珍寶的神秘島。Andrea Pistolesi／攝影

大溪地是最接近天堂的地方。沃利斯說：這是個只有天使和生前的義人才能棲居的地方；這是個金光一閃就一切自由幻化的想像空間。這是一片美麗、原始的土地，純樸的土著人在這裡過著與世隔絕的寧靜生活，男人、女人、孩子，樹木，花草，一切都那麼天然、和諧、純美。

在南太平洋廣袤無垠的洋面上，散落著大片美麗的群島。像一顆顆明珠，散發著迷人的光輝，這就是法屬波利尼西亞，它的首府便是大溪地，被稱為「上帝的天堂小鎮」。在這裡，男女接觸是再自然不過的事，毫無神秘色彩。讓人彷彿置身在伊甸園中，平原鬱鬱蔥蔥，樹上果實累累，小溪穿流迂迴……，這裡的人民享有大自然最慷慨的恩賜。處處充滿熱情、休憩、安逸、歡愉，以及幸福的景象。

或許是上帝也喜歡寧靜悠遠，於是讓自己鍾愛的地方遠離塵世的喧囂，獨處一隅，彷彿拒人於千里之外。每天早晨，當海水的顏色從深色逐漸變得清澈透亮時，陽光也就慵懶地撒遍了整個小島。從太平洋上吹來的海風緩緩拂過，幽藍得搶人眼目的大溪地在和風麗日的天氣中展露自己獨有的輝煌。

各種不同膚色、不同語言的人們，都懶懶地把自己攤曬在異鄉的陽光下，享受著日光浴的同時，也體驗著心靈大放假的舒暢。更有許多外國遊客經年盤桓在這個伊甸園般的小島上，漫無目的地四處遊蕩，個個臉上都帶著夢一般的神情。

有作家稱大溪地的魅力是某種奇異的憂鬱——南太平洋島嶼的地理位置，決定了它四季溫暖如春，物產豐富。居民不需要什麼衣服，採集食物容易，常常一大群人無所事事地待在椰子樹下，望著大海遠處凝思。

大溪地有許多這樣築在海裡的高腳房，夜晚聽著大海的濤聲，讓人覺得離大海是如此的親近。Dana Edmunds／攝影畫家高更把這裡的風情收諸筆端，彷彿是在感謝大溪地對自己的知遇之恩。《大溪地少女》，描述的是兩位當地女子相對而坐的情景。佔據主體的深紅色塊中，一朵素色的小花簪在女子髮際，靜靜地散發著醉人的芬芳。

如今，兩位來自大溪地的少女被收藏在歐洲的藝術館裡。有人開玩笑說，一定是天氣陰霾的歐洲想借這兩位少女，分得一些寶貴的陽光。不錯，陽光是大溪地最充裕的資源，也是上帝在這個天堂小鎮塗抹得最斑斕的一道色彩。可以想像，就是這座未被文明同化、蠶食的原始島嶼，平息了思德里克蘭德或者說高更從文明社會裡帶來的失望、厭倦、鬱悶，也讓他的後半輩子如同一個美妙的傳奇，一個色彩斑斕的夢境，高更繪畫中充溢的夢幻色彩和生命熱情，怎麼可能跟大溪地無關呢？更何況高更將大溪地視爲生命中最後的淨土。

坐在麥田裡，太陽以另外一種方式放牧如金的時光。詩人的情感都是脆弱的，而且他的思緒總與無言走過的農家少女那抿於唇際拂於指端的秀髮攪在一起，織成這暮靄中最讓人惆悵的美麗之幕。月亮渾圓，大溪地則如一點碎萍，應魔笛聲聲，浮浮沉沉……

就這樣，大溪地從此就意味著一個文明的悖論，一種對庸常的城市生活的背叛，它是人們對伊甸園、對一切古老、單純永遠的懷想。

不知是否有人告訴大溪地的居民，他們的家與天堂何等神似。不知修了幾世幾劫，才能居住在這樣的地方，難怪這裡的人們都願意全身心感謝上帝。如果天上人間在某處有著完美的統一，那個地方一定是大溪地。

陽光給整個大溪地鍍上了一層金色，看起來就像是上帝把天堂搬到了人間。Beverly Factor／攝影

永不融化的雪山 Castle Cotton

棉花堡

● 所在位置：

位於土耳其西南部。

● 地理特色：

地處碳酸溫泉區，因水質含鈣量極高，經泉水沖刷，鈣化後則覆上一層石灰，形似棉花而得名。

● 觀光景點：

棉花堡內的石灰水池呈現湛藍的清澈，如樣板水池，在不同時間和光線下觀看，呈現特殊的韻味。山頂的希羅波利斯小鎮存有古羅馬的遺蹟和墓區，設有一座保存古文物的博物館。

● 獨特風采：

溫泉區原本可以醫療，可是後來卻遭到人為破壞，以至於大半的水池已乾涸。

● 網址：

http://turkey.go2c.info/index.htm

如果你對土耳其感興趣，一個不能錯過的旅遊所在。

由石灰質鈣化沉積物形成的白色「台階」，像玉，像雪，更像是恣意橫流的羊奶從山頂流下，覆蓋而成。
Steve Satushek／攝影

有人說，土耳其就好像是一個氣質優雅的古典美人，輕輕走出歷史的帷幕，展現給我們無盡的風韻與內涵。那傳說中永不融化的雪山「棉花堡」，就在這位美人的懷抱裡。

有這樣一則傳說：當年，英俊的牧羊人安迪密恩爲了與希臘月神瑟莉妮幽會而忘記了擠羊奶，致使恣意橫流的羊奶覆蓋了整座丘陵，這便是土耳其棉花堡的由來。那多情的牧羊人自然不知是自己親手造出個人間仙境，讓世人訝異於它的美麗和奇特。

當黃土地上突然驚豔般閃出一抹雪白的影子，猶如夏季的城堡形積雨雲降臨大地，再近些，卻是堆積棉絮一般的一座「城堡」，玉一樣的「台階」層層疊疊，猶如雪砌的梯田，無數涓涓細流從丘岩間的縫隙潺潺流下，溫熱的水蒸氣讓棉花堡氤氳在淡淡的縹緲霧氣裡，泉水積在台階之間，形成一汪汪波瀾不興的水池，那是熱帶海水般的淡藍綠顏色——白岩碧水，如雪襯翡翠，是說不出的清麗眩目。

水是眼波橫，山是眉峰聚。登上山巔，會意外地發現，這並不幽深的谷底竟然也會有雲海出現，而且居然是世界上最美最瑰麗也最難得一見的雲海！從山下往上看，白色的石灰質鈣化沉積物將山頂覆蓋得如

溫泉水匯聚成的盆池，看起來有點像梯田，卻不能生長任何作物。Robert Frerck／攝影

雪山的頂峰一樣，潔白晶瑩，不斷有含豐富礦物質的地下水從沉積物中往山下流淌。山下是一片茂密的草地，遠處有民居、樹林和莊稼。棉花堡之地下溫泉水不斷從地底湧出，含有豐富礦物質如石灰質等，經過長年累月，石灰質聚結而形成棉花狀之岩石，層層疊疊，構成自然壯觀之岩石群和水池。這片被含有石灰礦物質的溫泉水沖刷過的岩石覆蓋在石山的頂部。遠遠望去，如同堆積在山頂的常年積雪，潔白晶瑩，分外顯眼。

當太陽的光芒一點點由金色變成緋紅、殷紅、桃紅、玫瑰色，棉花堡如同一朵最綺麗的蓮花，幻化出難以置信的光影奇跡：白色的岩面會被陽光點染出淡淡的色彩，而岩面中水波則忠實地記錄下天空變幻的奇異色彩。太陽以緩慢的步伐一點一點地退入灰黑的天幕裡，就在它即將沉落的一霎那，整個天空，忽然綻放出一種斑爛的彩光，好似千條萬條五彩的飛蛇在山頭亂竄，原本白著臉的雪山，轉瞬間像喝醉了酒般，酡紅慘綠，變幻不定，那種美麗，奪人心魄！

那些曾經讓人們驚嘆的古跡，就這樣被時光蹉跎爲廢墟，而不遠處的棉花堡，依舊綠水如鏡，丘岩如冰，沐浴著眾神的光輝，成爲永恆的奇跡。

百分之百的義大利 Tuscany

托斯卡尼

● 所在位置：

位於義大利中部，泛指亞平寧山以西到地中海一帶，首都為翡冷翠。

● 地理特色：

石灰岩山區和砂質粘土，土壤肥沃特別適合種植橄欖和葡萄。

● 觀光景點：

此區有許多知名古老小鎮，翡冷翠、西恩納、比薩、盧卡、聖吉米和聖吉米納諾等等。每個城鎮有自己獨特的觀光賣點，例如翡冷翠有聖母百花大教堂和烏菲茲美術館；西恩納則是以每年舉辦賽馬聞名；聖吉米納諾保存原始的中世紀古老風情。

● 獨特風采：

托斯卡尼山區的美麗不斷在電影和書籍被複製傳頌，一大片橄欖園和葡萄園是最熟悉的場景。

● 網址：

http://www.itwg.com/toscana?CRS=ITWG&sid=89334114cfeb0a9551c97f44f48e0be8

介紹托斯卡尼的觀光旅遊。

山丘中的霧氣使托斯卡尼看起來是如此的沉靜，也為它蒙上了一層神秘的面紗。Cornelia Doerr／攝影

位於義大利中北部的托斯卡尼，混合了佛羅倫斯的古典建築，文藝復興時期蒙娜麗莎的華麗微笑，還有城市新貴的考究時尚，鄉下橄欖莊園的淳樸……，還有天高雲淡，陽光明麗的深藍天空。

當十九世紀英國詩人勃朗寧夫婦傳奇般的愛情以私奔告終、逃離英國移居義大利時，就沒有錯過托斯卡尼，因爲「這裡的空氣似乎能穿透你的心扉」；《看得見風景的房間》中喬治向露西表白的地方，就是托斯卡尼的草地和葡萄園；電影《托斯卡尼艷陽下》點綴著神秘古堡、橄欖園、挺拔起伏的黑松、舒展的田園風光。

如果要用一幅畫面來概括托斯卡尼的印象，那就是一條兩邊長著樹冠修長的柏樹的鄉村小路，小路直通向遙遠不知名的地方，好像要把人帶回到托斯卡尼輝煌的文藝復興年代。這裡被認爲是文藝復興發端的地方，湧現出了以喬托、米開朗基羅、達文西、但丁和拉斐爾爲代表的一批傑出藝術家。在托斯卡尼，連大自然都很精緻優雅，美麗的鄉村景色比比皆是。這並非偶然天成，一草一木、田園鄉村，城堡農舍，線條、造型和遠近顏色的呼應，都積澱了一代又一代人的心思，幾百年滄桑下來，一切都變成天衣無縫的自然，顯出唯美如畫的朦朧。

托斯卡尼大區既有佛羅倫斯、比薩這樣古老的名城，又培育了但丁、達文西等大師，它們給托斯卡尼的旅遊增添了深厚的文化底蘊。Walter Bibikow／攝影

托斯卡尼，有著屬於優美生活的獨特色彩，那是陽光下的藍天白雲，是色彩鮮豔的牆壁，是深綠色的百葉窗和深紅色的屋頂。這裡有一種灰色城市沒有的海闊天空和不關現實的幻想之美。這是種藍色，它以一種絕望的姿態出現在人們的夢裡。藍得不眞實，帶著眩惑。

世界上只有很少幾個地方，早上可以這麼優美地醒過來。窗外是廣袤谷地，在帶露水的白霧裡呼吸。一座小教堂立在隆起的草地坡上，白牆紅窗，旁邊兩棵柏樹，一顆筆直，一棵有點兒斜，讓小教堂在天地間的飄然孤立很有分寸地凸現出來。微微丘陵間，傘一樣張開的針葉樹和直立的黑松遙相呼應，點綴出一望無際的縱深感。小路像飄帶一樣在綠色中迂迴，伸向山頭上的白色石堡。古老的橄欖樹，微斜的三層古塔，在陽光裡散放出懶洋洋的、旁若無人的氣息。高起的小丘上，可見隱約樹後的獨立農院，很老的別墅……。

德．尼祿普說：當美酒與城市結緣，酒是有性格的，城市也是。希臘神話裡，酒神是位頭戴花環、身披藤蘿的美少年，日日扛著酒罐子四處遊走，罐子裡清凜芬芳的美酒潑灑在哪裡，哪裡的人們就有了狂歡的心情。也許，托斯卡尼就是被酒罐潑到的地方。有時候，很難說，酒與城市，誰成全了誰，誰浸潤了誰，誰又感染了誰。只是，當城市與美酒間有了聲氣相投的默契，這個地方就變得異常灑脫而鮮活起來。

托斯卡尼葡萄酒，有一種與眾不同的高貴味道。在晚餐的時候點起蠟燭，雪白的桌布上擺著橄欖油、黑胡椒粉、Chianti紅酒。在餐館坐定，生菜沙拉、義大利式鱘魚塊、蘑菇燴牛肋排、磨坊小龍蝦、海鮮通心粉……，一道道托斯卡尼美食上來了，在幽昧的燭光中大家開懷暢飲，好像活在中世紀的畫圖中。

↖金黃的田野呈現出一片豐收的景象。Moritz Steiger／攝影

←蜿蜒的鄉間公路從綠色的田野穿過，如劍般的柏樹聳立路兩邊，這是托斯卡尼常見的鄉間景象。Peter Adams／攝影

國家圖書館出版品預行編目資料

人間伊甸園／關　越 主編.
——初版.——臺中市　：好讀, 2005[民94]
面：　公分，——（視樂園；09）

ISBN 957-455-962-9（平裝）

719.85　　　　　94022025

圖片提供：
深圳超景圖片有限公司
上海達志圖片有限公司
北京全景視拓圖片有限公司
Imaginechina

日知图书 http://www.rzbook.com

視樂園09

人間伊甸園

主　　編／關　越
總 編 輯／鄧茵茵
文字編輯／葉孟慈
美術編輯／李靜姿
發 行 所／好讀出版有限公司
臺中市407西屯區何厝里19鄰大有街13號
TEL:04-23157795　FAX:04-23144188
http://howdo.morningstar.com.tw
e-mail:howdo@morningstar.com.tw
法律顧問／甘龍強律師
印製／知文企業（股）公司 TEL:04-23581803
初版／西元2005年12月15日

總經銷／知己圖書股份有限公司
http://www.morningstar.com.tw
e-mail:service@morningstar.com.tw
郵政劃撥：15060393
臺北公司：臺北市106羅斯福路二段95號4樓之3
TEL:02-23672044　FAX:02-23635741
臺中公司：臺中市407工業區30路1號
TEL:04-23595819　FAX:04-23597123

定價：299元

Published by How Do Publishing Co.LTD.
2005 Printed in Taiwan
ISBN 957-455-962-9

讀者迴響

書名：人間伊甸園

1. 姓名：________ □♀ □♂ 出生：___年___月___日
2. 我的專線：（H）________ （O）________
   FAX ________ E-mail ________
3. 住址：□□□________
4. 職業：
   □學生 □資訊業 □製造業 □服務業 □金融業 □老師
   □SOHO族 □自由業 □家庭主婦 □文化傳播業 □其他________
5. 何處發現這本書：
   □書局 □報章雜誌 □廣播 □書展 □朋友介紹 □其他________
6. 我喜歡它的：
   □內容 □封面 □題材 □價格 □其他________
7. 我的閱讀嗜好：
   □哲學 □心理學 □宗教 □自然生態 □流行趨勢 □醫療保健
   □財經管理 □史地 □傳記 □文學 □散文 □小說 □原住民
   □童書 □休閒旅遊 □其他
8. 我怎麼愛上這一本書：

____

____

____

★寄回本回函卡，

將可收到晨星出版集團最新書訊（電子報）及相關優惠活動訊息。

『輕鬆好讀，智慧經典』

有各位的支持，我們才能走出這條偉大的道路。

好讀出版有限公司編輯部　謝謝您！

請填妥後對折裝訂，直接投郵即可，免貼郵票。

廣告回函
臺灣中區郵政管理局
登記證第3877號
免貼郵票

好讀出版社　編輯部收

407 臺中市西屯區何厝里大有街13號1樓
電話：04-23157795　傳眞：04-23144188
E-mail:howdo@morningstar.com.tw

新讀書主義一輕鬆好讀，品味經典

請沿虛線摺下裝訂，謝謝！

更方便的購書方式：

1.網站：http://www.morningstar.com.tw
2.郵政劃撥　帳號：15060393　戶名：知己圖書股份有限公司
　請於通信欄中註明欲購買之書名及數量
3.電話訂購：如為大量團購可直接撥客服專線洽詢
　◎如需詳細書目可上網查詢或來電索取
　◎客服專線：04-23595819#232　傳眞：04-23597123
　◎客戶信箱：service@morningstar.com.tw